普通高等教育"十三五"规划教材

管理决策模型与应用

第 2 版

张 健 李静文 齐 林 编著

机械工业出版社

本书旨在建立连接信息技术、决策模型和管理类专业理论与实务的桥梁，帮助学生通过应用计算机技术来提高处理管理问题的质量与效率的各种技能。同时，提高学生的建模能力、逻辑思维能力和表达能力，进而提高学生的综合素质，实现复合型人才培养的目标。

本书适合高等院校管理类专业本科生和研究生尤其 MBA 使用，也可供在职管理人员学习和参考。

图书在版编目（CIP）数据

管理决策模型与应用/张健，李静文，齐林编著．—2 版．—北京：机械工业出版社，2017.1

普通高等教育"十三五"规划教材

ISBN 978-7-111-55596-4

Ⅰ.①管⋯ Ⅱ.①张⋯②李⋯③齐⋯ Ⅲ.①管理决策—决策模型—高等学校—教材 Ⅳ.①C934

中国版本图书馆 CIP 数据核字（2016）第 294816 号

机械工业出版社（北京市百万庄大街 22 号　邮政编码 100037）
策划编辑：曹俊玲　责任编辑：曹俊玲　刘鑫佳　商红云
责任校对：佟瑞鑫　封面设计：张　静
责任印制：常天培
保定市中画美凯印刷有限公司印刷
2017 年 1 月第 2 版第 1 次印刷
169mm×239mm・11.25 印张・195 千字
标准书号：ISBN 978-7-111-55596-4
定价：25.00 元

凡购本书，如有缺页、倒页、脱页，由本社发行部调换

电话服务	网络服务
服务咨询热线：010-88379833	机 工 官 网：www.cmpbook.com
读者购书热线：010-88379649	机 工 官 博：weibo.com/cmp1952
	教育服务网：www.cmpedu.com
封面无防伪标均为盗版	金 书 网：www.golden-book.com

前 言

随着信息社会的不断发展，要求新型管理人才不仅能够对管理实务进行数学建模，而且要能够运用信息技术快速计算，指导决策。高等院校管理类专业的课程体系包括管理类专业课程、模型类课程（数学类）和信息类课程，但这三类课程却缺乏有效的结合，尤其是模型类课程，缺乏利用模型求解的实践环节。本书旨在引导学生将管理理论、模型技术和信息技术有效结合，引导学生在分析管理技术的基础上能够进行系统建模，并能运用计算机系统实现模拟和求解。模型类课程在前些年的教学中，基本上是采用专业编程工具（C语言或Basic+）模型实现对管理问题的求解。由于有些管理类专业学生难以掌握编程技术，造成重压之下对模型类课程失去兴趣，不但没有起到应有的效果，而且所学的编程工具在其他课程中也不能重构。

信息技术和相关支撑技术的发展，为管理体系应用软件对所建模型进行求解提供了可能。软件工具的可视化和智能化发展，使得传统计算机技术人员通过编写复杂程序代码才能实现的功能，可以简单方便地在应用程序中模拟并计算，很多复杂模型的计算不再需要掌握大量的计算机开发专业工具。为适应不断发展的新技术，我们尝试对模型类课程进行教学改革，积极适应当前信息技术发展的水平和趋势，推动复合型管理人才的培养。

本书旨在建立连接信息技术、决策模型与管理专业理论与实务的桥梁，帮助学生通过对软件的应用，从烦琐的计算中解放出来，提高处理管理问题的质量和效率。同时，提高学生的建模能力、逻辑思维能力和表达能力，进而提高学生的综合素质，实现复合型人才培养的目标。

本书的特点在于：不需要读者具备深厚的数学背景，主要强调在Excel中直接建立模型，并利用Excel及其加载宏的强大功能对模型进行求解，以获得最优化方案。因此，本书特别适合高等院校管理类专业本科生和研究生尤其MBA使用，也可供在职管理人员学习和参考。

　　本书在开展理论学习的同时，以案例为导向、以分析解决管理决策问题为出发点，要求学生自主分析、自主建模、自主运用工具（如 Excel 软件等）计算，最终能够结合实践环节，培养利用模型解决管理问题、运用信息技术快速计算以指导决策的综合能力。

　　本书的再版，对原书中的时间序列等章节的案例进行了修改，对于一些章节中烦琐的理论综述进行了删减，注重简洁实用，其目的在于帮助学生相对轻松地掌握相关的理论和操作技能。

　　本书的出版得到了北京市知识管理研究基地的资助。

　　值本书出版之际，感谢为本书写作提供资料和意见的同仁。

　　由于编者水平有限，恳请广大师生及读者朋友对本书的错漏之处给予批评指正。

编　者

目 录

前言
第1章 绪论 ………………………………………………………………… 1
  1.1 决策的基本知识与基本理论 ………………………………………… 1
    1.1.1 决策的定义 ……………………………………………………… 1
    1.1.2 决策的类型 ……………………………………………………… 2
    1.1.3 决策的基本理论 ………………………………………………… 4
  1.2 管理决策模型 ………………………………………………………… 5
    1.2.1 管理决策模型的定义及分析步骤 ……………………………… 5
    1.2.2 管理决策模型的决策方法 ……………………………………… 5
    1.2.3 数学模型的概念和分类 ………………………………………… 6
第2章 时间序列预测 ……………………………………………………… 12
  2.1 时间序列概述 ………………………………………………………… 12
  2.2 移动平均预测 ………………………………………………………… 13
  2.3 指数平滑预测 ………………………………………………………… 18
第3章 回归分析模型 ……………………………………………………… 24
  3.1 回归分析方法概述 …………………………………………………… 24
  3.2 图表法 ………………………………………………………………… 26
  3.3 回归分析法 …………………………………………………………… 29
  3.4 公式法 ………………………………………………………………… 31
    3.4.1 LINEST 函数 …………………………………………………… 33
    3.4.2 LOGEST 函数 …………………………………………………… 35
  3.5 非线性回归分析 ……………………………………………………… 40
    3.5.1 某些可以转化为线性的非线性回归 …………………………… 40

3.5.2　直接求解非线性回归问题 …………………………………… 42

第4章　优化决策模型 …………………………………………………… 45
4.1　线性规划 …………………………………………………………… 45
4.1.1　在Excel中加载规划求解工具 ………………………………… 46
4.1.2　在Excel中建立线性规划模型 ………………………………… 47
4.2　整数规划 …………………………………………………………… 60

第5章　仿真与模拟模型 ………………………………………………… 65
5.1　蒙特卡罗进程（Monte Carlo Simulation Methods） …………… 65
5.2　模拟次数的选择和模拟结果的统计分析 ………………………… 72
5.2.1　确定模拟的重复次数 ………………………………………… 72
5.2.2　模拟结果的统计分析 ………………………………………… 73
5.3　蒙特卡罗模拟原理、步骤及案例 ………………………………… 75
5.4　Excel对离散概率分布的进一步仿真模拟 ……………………… 79

第6章　风险型决策模型 ………………………………………………… 84
6.1　不确定型决策的案例 ……………………………………………… 85
6.1.1　决策方案 ……………………………………………………… 85
6.1.2　自然状态 ……………………………………………………… 86
6.1.3　决策原则 ……………………………………………………… 87
6.2　决策树插件的应用 ………………………………………………… 89
6.2.1　添加分支 ……………………………………………………… 90
6.2.2　添加事件节点 ………………………………………………… 91
6.2.3　添加现金流 …………………………………………………… 91
6.2.4　计算收益和EMV值 ………………………………………… 93
6.2.5　其他特征 ……………………………………………………… 93
6.3　风险型决策案例分析（一）……………………………………… 94
6.4　风险型决策案例分析（二）……………………………………… 96
6.4.1　投资决策案例分析 …………………………………………… 96
6.4.2　工程投标案例分析 …………………………………………… 98

第7章　确定型决策模型 ………………………………………………… 102
7.1　盈亏平衡分析法 …………………………………………………… 102
7.2　采用Excel建立盈亏平衡分析模型 ……………………………… 104
7.2.1　采用Excel建立盈亏平衡分析模型的方法 ………………… 104

  7.2.2 在 Excel 2010 中建立盈亏平衡分析模型的步骤 …………… 104
 7.3 敏感性分析模型 ……………………………………………………… 116
 7.4 存货的经济订货批量决策模型 ……………………………………… 119

第 8 章 Excel 在管理决策分析中的应用 ……………………………… 126
 8.1 Excel 2010 概述 ……………………………………………………… 126
  8.1.1 Excel 2010 的数据输入类型 ………………………………… 126
  8.1.2 编辑工作表 …………………………………………………… 127
  8.1.3 使用公式 ……………………………………………………… 129
  8.1.4 使用函数 ……………………………………………………… 133
 8.2 公式及函数的高级应用 ……………………………………………… 133
  8.2.1 数组公式的输入、编辑及删除 ……………………………… 133
  8.2.2 数组公式的应用 ……………………………………………… 136
 8.3 常用函数及其应用 …………………………………………………… 139
  8.3.1 SUM 函数、SUMIF 函数和 SUMPRODUCT 函数 ………… 139
  8.3.2 AVERAGE 函数 ……………………………………………… 140
  8.3.3 MIN 函数和 MAX 函数 ……………………………………… 140
  8.3.4 COUNT 函数和 COUNTIF 函数 …………………………… 141
  8.3.5 IF 函数 ………………………………………………………… 141
  8.3.6 AND 函数、OR 函数和 NOT 函数 ………………………… 142
  8.3.7 LOOKUP 函数、VLOOKUP 函数 ………………………… 143
  8.3.8 INDEX 函数 …………………………………………………… 145
  8.3.9 矩阵函数——TRANSPOSE 函数、MINVERSE 函数和
      MMULT 函数 ………………………………………………… 147
  8.3.10 ROUND 函数 ………………………………………………… 149
 8.4 图表处理 ……………………………………………………………… 149
  8.4.1 图表类型 ……………………………………………………… 150
  8.4.2 图表的建立 …………………………………………………… 150
  8.4.3 动态图表的建立 ……………………………………………… 152
 8.5 数据分析处理 ………………………………………………………… 154
  8.5.1 数据的查找与筛选 …………………………………………… 154
  8.5.2 记录单查找 …………………………………………………… 155
  8.5.3 筛选与高级筛选 ……………………………………………… 156

8.5.4 数据的分类与汇总 …………………………………………………… 158
8.5.5 数据透视表 ………………………………………………………… 159
8.5.6 数据分析工具的应用 ……………………………………………… 162
8.5.7 宏与 VBA 的初步应用 …………………………………………… 164
参考文献 ………………………………………………………………………… 169

第1章 绪 论

管理是选择，有选择就要有决策。美国著名管理学家赫伯特·西蒙指出："决策是管理的心脏，管理是由一系列决策组成的，管理就是决策。"世界著名的咨询公司——美国兰德公司的又一统计数字表明，世界上破产倒闭的大企业中，85%是由于企业管理者的决策不慎造成的。

正确的决策，可以使企业兴旺发达；错误的决策，会导致企业严重地亏损甚至破产。企业经营管理中的大部分工作都与决策紧密相关，而正确的决策又必须以必要的信息作为条件，因为管理的关键在决策，决策的好坏有赖于及时有效的信息。

科学决策意识来源于决策者的决策水平，正确的管理决策是提高管理水平的重要环节。这就要求决策者必须具备高度的决策本领，通晓决策科学规律，能够熟练应用现代科学决策方法，而管理模型的建立和使用正是管理决策的有力工具。

1.1 决策的基本知识与基本理论

1.1.1 决策的定义

"决策"（decision）一词的意思就是做出决定或选择。随着科学与经济的发展，决策的定义更加多种多样，但仍未形成统一的说法，归纳起来，基本有以下几种理解：广义的理解是把决策看作为一个包括提出问题、确立目标、设计和选择方案的过程；狭义的理解是把决策看作为有几种备选的管理方案，且没有确切的结果，供决策者做出最终抉择，即非结构化的；还有人认为决策是对不确定条件下发生的偶发事件所做的处理决定，而且这类事件既无先例，又没有可遵循的规律，做出选择要冒一定的风险。也就是说，只有冒一定的风险的选择才是决策，这是对决策概念最狭义的理解。

一般而言，决策就是做出决定的意思，即对需要解决的事情做出决定。按照汉语习惯，"决策"一词被理解为"决定政策"，主要是对国家大政方针做出决定。但事实上，决策不仅指高层领导做出决定，也包括人们对日常问题做出决定。如某企业要开发一个新产品，引进一条生产线，某人选购一种商品或选择一种职业，都带有决策的性质。可见，决策活动与人类活动是密切相关的。

综上所述，理解决策概念，应把握以下几个方面：

（1）决策是目标明确的。决策是为了达到一定的目标，确定目标是决策过程的关键问题。决策所要解决的问题必须十分明确，所要达到的目标必须十分具体。没有明确的目标，决策将是盲目的。

（2）决策要有选择，因此会有两个以上备选方案。决策实质上是选择方案的过程。如果只有一个备选方案，就不存在决策的问题。因此，至少要有两个或两个以上方案，人们才能运用一定的方法进行比较、选择，最后选择一个决策者认为满意的方案为行动方案。

（3）选择后的行动方案需要在实践中检验。如果选择后的方案，不付诸实施，决策也等于没有决策。决策不仅是一个认识的过程，也是一个行动的过程。

决策是在人类生存实践中产生的，科学化决策是在20世纪初才开始形成的。第二次世界大战以后，决策研究吸收了行为科学、系统理论、运筹学、计算机科学等多门科学成果。到20世纪60年代，结合决策实践，形成了一门专门研究和探索人们做出正确决策规律的科学——决策学。决策学研究决策的范畴、概念、结构、决策原则、决策程序、决策方法、决策组织等，并探索这些理论与方法的应用规律。随着决策理论和方法研究的深入与发展，决策学渗透到了社会经济、企业经营、日常生活等各个领域，尤其是在经营管理活动中，决策应用得到了进一步的发展。

1.1.2 决策的类型

在现实生活中，管理活动是非常复杂和变化多样的，这就决定了决策的多种类型。

1. 战略性决策和战术性决策

按决策的影响范围和重要程度不同，可分为战略性决策和战术性决策。战略性决策是指对发展方向和发展远景做出的决策。它关系到组织发展的全局性、长远性、方向性，如对企业的经营方向、经营方针、新产品开发等决策。战略性决策由组织最高层领导做出，它具有影响时间长、涉及范围广、作用程度深刻的特点，是战术性决策的依据和中心目标。它的正确与否，直接决定组织的兴衰成败与发展前景。

战术性决策是指组织为保证战略性决策的实现而对经营管理业务工作做出的决策。如组织原材料和机器设备的采购、生产、销售的计划、商品的进货来源、人员的调配等。战术性决策一般是由组织中层管理人员做出的。战术性决策要为战略性决策服务。

2. 个人决策和集体决策

按决策的主体不同，可分为个人决策和集体决策。个人决策是由组织领导者凭借个人的智慧、经验及所掌握的信息进行的决策。决策速度快、效率高，适用于常规事务及紧迫性问题的决策。个人决策的最大缺点是带有主观和片面性，所以对全局性重大问题不宜采用个人决策。

集体决策是指由机构集体成员共同研究做出的决策。集体决策的优点是能充分发挥集体智慧，集思广益，决策慎重，从而保证了决策的正确性、有效性；缺点是决策过程较复杂，耗费时间较多。它适用于制定长远规划和全局性的决策。

3. 程序化决策和非程序化决策

程序化决策也称为"常规决策"，是指决策的问题是经常出现的问题，已经有了处理的经验、程序、规则，可以按常规办法来解决。

非程序化决策，也称为"非常规决策"，是指决策的问题是不常出现的，没有固定的模式、经验去参考，要靠决策者做出新的判断来解决。

4. 确定型决策、风险型决策和不确定型决策

（1）确定型决策。确定型决策是指在决策过程中，提出的各备选方案在确知的客观条件下，每个方案只有一种结果，比较其结果优劣做出最优选择的决策。确定型决策是一种肯定状态下的决策。决策者对被决策问题的条件、性质、后果都有充分的了解，各个备选的方案只能有一种结果。

（2）风险型决策。风险型决策是指在决策过程中提出的各个备选方案中，可以知道每个方案都有几种不同的结果，其发生的概率也可测算，每个方案的执行结果都带有很大随机性的决策。决策中，不论选择哪种方案，都存在一定的风险性。在这样条件下的决策就是风险型决策。

（3）不确定型决策。不确定型决策是指这样一类的决策，在决策过程中提出各个备选方案，每个方案有几种不同的结果，但每一结果发生的概率无法知道。在这样条件下的决策就是不确定型的决策。它与风险型决策的区别在于：

风险型决策中,每一方案产生的几种可能结果及其发生的概率都知道;不确定型决策只知道每一方案产生的几种可能结果,但发生的概率并不知道。这类决策是由于人们对市场需求的几种可能客观状态出现的随机性规律认识不足,造成的决策不确定性程度增加。

1.1.3 决策的基本理论

1. 古典决策理论

古典决策理论又称规范决策理论,是基于"经济人"假设提出来的,主要盛行于20世纪50年代以前。古典决策理论认为,应该从经济的角度来看待决策问题,即决策的目的在于为组织获取最大的经济利益,且决策者是完全理性的。其主要内容为:

必须全面掌握有关决策环境的信息情报;充分了解有关被选方案的情况;建立一个合理的自上而下的执行命令的组织体系;决策的目的始终都是使本组织获取最大的经济利益。

古典决策理论忽视了非经济因素在决策中的作用,这种理论不一定能指导实际的决策活动,从而逐渐被更为全面的行为决策理论代替。

2. 行为决策理论

行为决策理论源于阿莱斯悖论和爱德华兹悖论的提出,是针对古典决策理论难以解决的问题另辟蹊径发展起来的。行为决策理论的一般研究范式为:提出有关人们决策行为特征的假设——证实或证伪所提出假设——得出结论。这就决定了行为决策理论的发展与决策行为的研究及其研究方法应该存在着一些密切的联系。行为决策理论认为,理性和经济的标准都无法确切地说明管理的决策过程,进而提出了"有限理性"标准和"满意度"原则。其主要内容为:

人的理性介于完全理性和非理性之间,即人是有限理性的;决策者在识别问题和发现问题中容易受知觉上的偏差影响;决策者选择方案时,行动的理性也是有限的;与经济利益的考虑相比,决策者往往厌恶风险;决策者在决策中往往只求满意的结果,而不愿费力寻求最佳方案。

3. 当代决策理论的核心

当代决策理论是在20世纪40年代以后由美国卡内基·梅隆大学的 H. A. 西蒙和斯坦福大学的 J. G. 马奇等人倡导并发展起来的,他们提出了与传统决策理论有根本性差别的新见解,为此做出了杰出的贡献。

当代决策理论强调从认知心理学的角度研究决策问题,决策贯穿于整个管理过程，决策程序就是整个管理过程。决策过程从研究组织的内外环境开始，继而确定组织目标、设计可达到该目标的各种可行方案、比较和评估这些方案进而选择方案（即做出最优决策），最后实施决策方案，并进行追踪检查和控制，以确保预定目标的实现。决策，就是在一定目标的指导下，从各种可供选择的行动方案中挑选出一种方案并加以实施的过程。决策的三个要素为：决策目标、决策方法、决策依据。

当代决策理论还强调信息联系在决策过程中的作用，强调在现代社会中，重要的不是获取信息，而是对信息进行加工和分析，使之对决策产生作用。同时提醒决策者，人脑处理信息的能力是有限的，必须注意信息处理的结果。在这方面，认知心理学有关记忆和思维的研究为其提供了有力的理论支持。

1.2　管理决策模型

1.2.1　管理决策模型的定义及分析步骤

管理决策模型是利用系统科学、管理科学、行为科学、科学学、未来学和技术经济学等学科进行的综合探讨活动。可以说是以上各学科的知识综合体，对不同层次、不同尺度的社会系统中的组织、管理和决策问题进行的综合研究。其研究的范围主要放在技术经济、决策、规划、管理、科技方法以及技术、工程咨询等方面的问题上。其目的是为各级各类管理与决策提供模式服务和科学计量。其研究方法的主要特点为：在充分调查研究、如实掌握数据资料的基础上，进行定性与定量相结合的系统分析和论证，从而得出正确的预断和科学的决策以指导各项工作的决策获得理想的效果。

管理决策模型的分析步骤为：
（1）提出方案和确定目标，形成决策问题。
（2）判断因素状态及其概率。
（3）拟订多个备选方案。
（4）评价方案并做出选择。

1.2.2　管理决策模型的决策方法

我们把决策方法分为定性分析方法和定量分析方法两大类。
定性分析方法是决策者根据自身的主观判断和经验对事物的直观判断，进而对性质进行划分。这种方式可以说是决策的艺术，它主要依赖于决策者的基本素质和经验直觉，可以很好地应用于简单、明了的问题，但遇到复杂、模糊的问题时，决策的质量将大打折扣。此时，我们必须运用定量分析的方法以确保决策的正确性。

定量分析法是把待决策事物规范化、数量化，然后运用数学模型和现代化计算工具，对事物进行模拟分析，旨在制订、评选最优方案，使决策走上严格的科学化道路。

根据管理决策的类型，常用的管理决策模型技术有：确定型情况下的决策模型，风险型情况下的决策模型，不确定型情况下的决策模型。

（1）确定型决策（自然状态确定）：决策及时，行动迅速，要有好的最佳方案搜索方法。

（2）风险性决策（自然状态不确定，但概率已知）：决策树法、期望值准则。

（3）不确定型决策（自然状态不确定，概率未知）：决策矩阵。

1.2.3 数学模型的概念和分类

1. 数学模型的概念

模型是对客观事物或事态的描述，它有不同的表现形式。通常，我们把模型分为形象模型、模拟模型和数学模型。举个例子来说，模型飞机是真飞机的形象模型，同样，建筑沙盘就是实际建筑的形象模型。像这样实实在在的复制品，用建模的术语统称为形象模型。还有些模型，虽然也是物理实体，但却不能说成是真实物体的仿制品，如汽车的速度表指针的位置是真实车速的表现，温度计的指示刻度也是温度的表现，这样的模型称为模拟模型。第三种模型是运用一系列符号和数学关系对事物进行描述，一般称其为数学模型，它是定量分析中的关键环节。一般地，可以这样定义数学模型：数学模型是基于以部分现实世界为一定目的而做的抽象、简化的数学结构。通俗地讲，数学模型是为了一定目的对原型所做的一种抽象模拟，它用数学表达式、数学符号以及程序、图表等描述客观事物的本质特征与内在联系。比如，总利润等于单位利润与总数量的乘积，现在，我们用 x 代表数量，y 代表总利润，k 表示单位利润，则可写成 $y=kx$，这个公式就是一个利润模型。

通过对模型的分析和研究，我们可以对真实情况进行一定的预测，这就是建立模型的价值和意义。例如，飞机设计中将仿真飞机放入风洞，依此分析来获得一些真实飞机的飞行数据。同样，一个数学模型可以预测卖出一定数量的产品时，我们能够获得多大的利润。

建立数学模型的过程称为数学建模。数学建模是构造刻画客观事物原型的数学模型，并用以分析、研究和解决实际问题的一种科学方法。运用这种科学方法，必须从实际问题出发，遵循从实践到认识再到实践的认识规律，围绕建模的目的，运用观察力、想象力的抽象概括能力，对实际问题进行抽象、简化，反复探索，逐步完善，直到构造出一个能够用于分析、研究和解决实际问题的数学模型。因此，数学建模是一种定量解决实际问题的创新过程。建模是一种艺术，建模并没有一定的形式和方法。建立模型的目的是为了通过对模型的试验，分析系统、揭示系统的本质，以便人们了解系统，在若干可能的方案中进行选择，选出较优的方案，帮助人们决策。换言之，就是对系统采取适当的措施，改进系统的特性。

建立数学模型没有固定模式，下面介绍一下建立模型的基本过程：

（1）建模准备。建模准备是确立建模课题的过程。这类课题是人们在生产和科研中为了使认识和实践进一步发展而必须解决的问题。因此，我们首先要发现这类课题需要解决的实际问题。其次要弄清楚所解决问题的目的、要求，并着手收集数据。最后进行建模筹划，组织必要的人力、物力等，确立建模课题。

（2）模型假设。作为建模课题的实际问题都是错综复杂的、具体的。如果不对这些实际问题进行抽象简化，人们就无法准确把握它的本质属性，而模型假设就是根据建模的目的对原型进行抽象、简化，抓住反映问题本质属性的主要因素，简化掉那些非本质的次要因素。有了这些假设，就可以在相对简单的条件下，弄清楚各因素之间的关系，建立相应的模型。

合理的假设是建立理想模型的必要条件和基本保证。如果假设是合理的，则模型切合实际，能解决实际问题；如果假设不合理或过于简化，则模型与实际情况不符或部分相符，就解决不了问题，就要修改假设，修改模型。

（3）构建模型。在模型假设的基础上，开始构建数学模型。首先分析变量类型，恰当使用数学工具。一般而言，如果实际问题中的变量是确定型变量，数学工具可采用微积分、微分方程、线性或非线性规划、投入产出、确定型库存论等。如果变量是随机变量，数学工具可采用概率与统计、排队论、对策论、决策论、随机微分方程、随机性库存论等。其次，抓住问题本质，简化变量之间的关系。可以说，数学的任一分支在构建模型时都可能有用，而同一实际问题也可以构建不同的数学模型。一般而言，在能够达到建模目的的前提下，所用的数学工具应力求简单、易解，但要保证模型的解的精确性在允许的范围内。

（4）模型求解。不同的模型要选择或设计不同的数学方法和算法来求解，许多模型还可以通过编写计算机程序软件包，借助计算机快速完成对模型的求解。

（5）模型分析。对模型的求解结果进行分析，主要包括稳定性分析，参数的灵敏度分析，误差分析等。通过分析，若发现不符合建模要求，就要修改或增减建模假设条件，重新构建模型，直到符合要求。若模型符合要求，则可以对模型的评价、预测、优化等方面进行探析，力争得到最优模型。

（6）模型检验。对于经过分析后符合要求的模型，还要把它放回到实际对象中去进行检验，看它是否符合实际，能否解决相应的实际问题。若不符合实际，就要修改前提假设，重新建模，重新分析，直到获得符合实际的模型。

（7）模型应用。建模的最终目的是用模型来分析、研究和解决实际问题。因此，一个成功的数学模型必须能够在实践中得到成功的应用，甚至形成一套科学的理论。图 1-1 是上述各步骤的直观示意图。

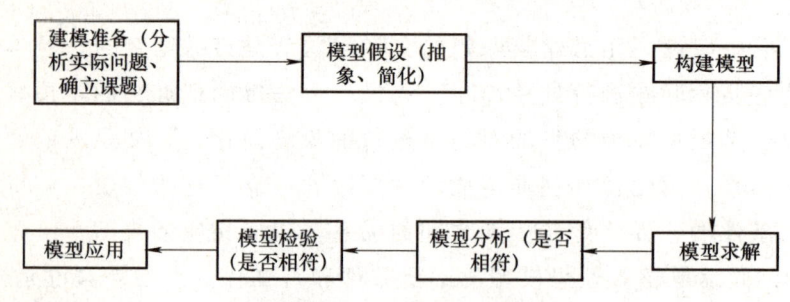

图 1-1　数学建模步骤示意图

2. 数学模型的分类

按照不同的分类标准，数学模型有许多分类：

（1）按照模型的数学方法划分，有几何模型、代数模型、图论模型、微分方程模型、概率模型、最优控制模型、随机模型等。

（2）按照模型的特征划分，有静态模型和动态模型，确定型模型和随机模型，离散模型和连续性模型，线性模型和非线性模型等。

(3) 按照模型的应用领域划分，有人口模型、交通模型、经济模型、生态模型、资源模型、环境模型等。

(4) 按照建模的目的划分，有预测模型、优化模型、决策模型、控制模型等。

(5) 按照对模型结构的了解程度划分，有白箱模型、灰箱模型、黑箱模型等。

3. 管理模型

管理模型的建立是要使人们了解管理系统，掌握其规律，以便采取正确的决策。也就是说要从管理模型中得到辅助决策信息。管理水平的提高最终要体现在提高经济效益上。

如果抽去问题的本身，就其数学描述及求解方法而言，有以下几种情况：

(1) 简单的初等函数模型。简单是指可以直接求精确解，而不是指规模小，大部分财务模型均为此类模型。

(2) 复杂的函数模型。复杂是指不能直接求解，往往要通过试算或逐步逼近的办法求具有一定精确度的解。"数值分析"课程专门介绍这类模型，如用龙格库塔法求解微分方程。技术经济和计量经济学的许多模型属于此类模型。

(3) 优化模型。优化模型一般是指运筹学模型，其中又包括数学规划（线性规划、非线性规划、目标规划、动态规划、运输及分配模型）和图论（最大流模型、最短路径模型、PERT模型、排队论模型）。

(4) 统计模型。统计模型包括回归分析、方差分析、假设检验等。

(5) 模拟模型。模拟模型也称仿真模型，严格说来它不是完全的数学模型。它既有数学模型的成分也有物理模型的成分，它用计算机模型模仿每个时刻系统的状态。对于同一管理问题往往可以用一种或几种模型求解，而一种模型也可以用于多种管理问题。

以上模型都要用计算机实现，管理模型的实现必须依赖计算机。利用计算机工具求解模型是高级管理人才的基本功。本课程将通过几个实际的管理模型介绍从管理模型到计算机实现的过程。

4. 数学模型的描述

描述一个数学模型（不管是否用计算机）必须包括以下几方面：

(1) 模型的组成要素（Parts）。模型的组成要素是指建立模型过程中所涉及的构成系统的实体。这里的实体可能是元件，也可能是子系统。例如城市系统模型包括教育、卫生、公交、工业、农业等。对组成要素的描述确定了系统的范畴。

（2）变量（Variables）。系统中一系列实体的属性随时间而发生变化，在数学模型中用一系列变量描述系统的状态。变量在不同时刻取不同的值反映不同时刻系统属性的变化。输入、输出变量描述了系统和环境的联系；状态变量描述了系统内实体的属性。变量设置是建模的重要任务。设置哪些变量、忽略哪些变量取决于研究系统的目的，要考虑在这一目的下如何能反映系统最本质的特点。

（3）参数（Parameters）。参数是指在模型运行时用来描述系统的一些常数。在同一次试验中，参数是不变的；在不同的试验中参数往往取不同的数值。参数和变量不同，它在一次运行中不随时间变化，在不同的运行中取不同的值。不同的参数一般用来反映系统设置的不同方案。模型的优化过程往往是寻求目标最优（或较优）时的一组参数值。例如库存模型中的每批进货量和临界库存量。

在建模时，有些参数可以从历史数据或实验数据中用统计方法进行估计，例如可以用随机变量的样本均值作为均值的估计量，用样本方差作为方差的估计量。

（4）函数关系（Functions）。函数关系是指用变量和参数的方程描述系统各部分的特点和各部分之间的关系以及系统和环境的关系。函数关系可以通过对系统的观察，使用统计和数学分析的方法假设和推断得到。

（5）约束条件（Restrictions）。在描述模型时约束条件是指对变量和参数的数值的限制。它往往反映对系统状态和系统中可供分配的资源在数值上的限制，或对资源消耗方式的限制。例如排队服务系统中服务站数目的限制（某种机床的数目）、某些类机床只能加工某些类部件等，又如三峡建设资金的来源和使用都受到各种限制等。

（6）有关实现系统目标的准则（Criterion Functions）。这些准则是指对什么是系统目标，如何判断是否达到目标的确切说明。例如系统目标若是对某些参数进行优化，那么描述模型时必须说明用哪些指标衡量"最优"，如何进行综合衡量等。例如，是产量最高还是产值最大，是单位成本最低还是在一定的产量下利润最高等。如果系统目标是求符合某种条件的系统参数，那么就要对这种条件或某种状态做确切的描述。例如求 N 年内收回投资的内部收益率，就要说明所求收益率的精度。总而言之，在建立数学模型时必须对以上各部分进行确切的描述。

5. 模型的优劣

什么样的模型是一个好的模型？从建模的根本目的出发，一个好的模型首先要和研究目的紧密联系，必须能真实地反映系统在有关方面的特点。在使模型尽量接近真实系统的同时要使模型尽可能简化。简化和真实既是矛盾的又是统一的，关键是要抓住主要矛盾，把问题集中起来分清主次，去掉不重要的部分。建模的艺术也在于此。一个好的模型必须便于控制和操纵，易于为用户所理解。好的模型应采用合理的结构，以便于修正和改进。结构化的设计是十分重要的。例如"三峡建设资金动态模拟模型"反映了资金筹措和使用的关系，从而在筹资的方式和数量、电价设定、工程进度的宏观控制方面给总经理提供辅助决策信息。该模型包括以下几方面：

（1）和资金来源有关的：三峡建设基金的收取比例、葛洲坝电厂利润上缴方式、三峡电厂电价设定和工程发电时间等以及各种借贷。

（2）和资金使用有关的：已经过去的各年投资完成情况、工程进度的调整、工程项目进行次序的调整等。

（3）资金缺口：动态资金需求曲线和资金来源之差，动态资金需求曲线由静态资金需求曲线得到。资金缺口要通过借贷，借贷又要在若干年后偿还本息，从而形成新的缺口。借贷可以有多种方式，如开发银行贷款、出口信贷、发行债券等。

模型必须真实反映这些方面的内在联系，才可能提供真正帮助决策的信息，包括每年采用哪些种贷款方式、各为多少等。

第2章 时间序列预测

2.1 时间序列概述

时间序列（Times Series）是指将同一现象的某一个统计指标在不同时间点上的各个数值，按时间先后顺序排列而形成的序列。构成时间序列的要素有两个：其一是时间，其二是与时间相对应的变量水平。

时间序列预测法是一种定量分析方法，它是在时间序列变量分析的基础上，运用一定的数学方法建立预测模型，使时间趋势向外延伸，从而预测未来市场的发展变化趋势，确定变量的预测值。它是利用事物发展变化中所表现出的时间序列来预测发展趋势的方法，是历史数据资料的延伸预测，因此也叫历史延伸法、时间序列分析法、外推法。

时间序列预测法是撇开了事物发展的因果关系，分析事物过去和未来的联系。预测所依据的基本假设是：历史数据所显示出来的规律性，可以被延伸到未来时期，在预测期与观察期经济环境基本相同时，这一假定可以接受。因其时间序列不讲求因果关系，受外界因果影响，因而存在着预测误差大的缺陷，外界发生较大变化时，往往会有较大偏差。短期预测效果比长期预测效果好。

时间序列预测主要分为四步：

（1）收集历史资料，加以整理，编成时间序列，并根据时间序列绘成统计图。时间序列分析通常是把各种可能发生作用的因素进行分类，传统的分类方法是按各种因素的特点或影响效果分为四大类：①长期趋势；②季节变动；③循环变动；④不规则变动。

（2）分析时间序列。时间序列中的每一时期的数值都是由许许多多不同的因素同时发生作用后的综合结果。

（3）求时间序列的长期趋势（T）、季节变动（S）和不规则变动（I）的值，并选定近似的数学模式来代表它们。对于数学模式中的各未知参数，使用合适的技术方法求出其值。

（4）利用时间序列资料求出长期趋势、季节变动和不规则变动的数学模型后，就可以利用它来预测未来的长期趋势值 T 和季节变动值 S，在可能的情况下预测不规则变动值 I。然后用以下模式计算出未来的时间序列的预测值 Y：

$$加法模式：T + S + I = Y$$
$$乘法模式：T \times S \times I = Y$$

如果不规则变动的预测值难以求得，就只求长期趋势和季节变动的预测值，以两者相乘之积或相加之和为时间序列的预测值。如果经济现象本身没有季节变动或不需要预测分季分月的资料，则长期趋势的预测值就是时间序列的预测值，即 $T = Y$。但要注意这个预测值只反映现象未来的发展趋势，即使很准确的趋势线在按时间顺序的观察方面所起的作用，本质上也只是一个平均数的作用，实际值将围绕着它上下波动。

2.2 移动平均预测

移动平均预测法是一种在简单平均法的基础上改良的算术平均法。将简单平均法改进为分段平均，并且按照时间序列数据点的顺序，逐点推移，这种方法称为移动平均法。它是一种最简单的自适应预测模型。它根据近期数据对预测值影响较大、远期数据对预测值影响较小的事实，把平均数逐期移动。移动期数的大小视具体情况而定，移动期数少，能快速地反映变化，但不能反映变化趋势；移动期数多，能反映变化趋势，但预测值带有明显的滞后偏差。常用的移动平均法主要有一次移动平均法和二次移动平均法。

1. 一次移动平均法

一次移动平均法是根据时间序列，逐期移动，依次计算包含一定项数的时间序列平均数，形成一个平均时间数序列，并据此进行预测，适用于具有明显线性趋势的时间序列数据的预测。它分为简单移动平均法和加权移动平均法。

（1）简单移动平均法。简单移动平均法的预测模型为

$$\hat{Y}_{t+1} = \frac{Y_t + Y_{t-1} + \cdots + Y_{t-k+1}}{k}$$

式中　　$\hat{Y}_{t+1}$ ——第 $t+1$ 期的预测值；

$Y_t, Y_{t-1}, \cdots, Y_{t-k+1}$ ——被平均的 k 个观测值；

k ——移动平均的项数，即移动期数。

在实际预测中，可以多取几个 k 值，并将得到的预测值与实际值进行比较，选用误差最小的 k 值。

【例 2-1】 某企业 2014 年 12 个月的销售量如图 2-1 所示，分别按 3 期、5 期和 7 期移动平均所做的预测分析如图 2-1 中的 C5：E14 区域所示。以 3 期移动平均为例，其在 Excel 中的具体计算步骤如下：

	A	B	C	D	E
1	月份	销售量/台	n=3	n=5	n=7
2	1	33			
3	2	38			
4	3	32			
5	4	34	34.33333		
6	5	36	34.66667		
7	6	33	34	34.6	
8	7	35	34.33333	34.6	
9	8	39	34.66667	34	34.42857
10	9	39	35.66667	35.4	35.28571
11	10	40	37.66667	36.4	35.42857
12	11	38	39.33333	37.2	36.57143
13	12	36	39	38.2	37.14286
14			38	38.4	37.14286

图 2-1 一次移动平均法实例

1）从"数据"菜单中选中"数据分析"命令，则弹出"数据分析"对话框，如图 2-2 所示。

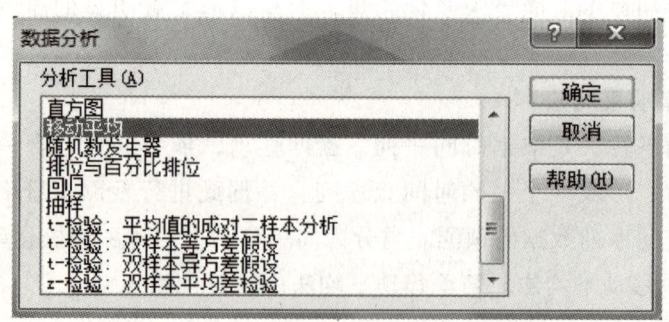

图 2-2 "数据分析"对话框

2）在"数据分析"对话框中的"分析工具"框中选中"移动平均"选项，则弹出"移动平均"对话框，如图 2-3 所示。

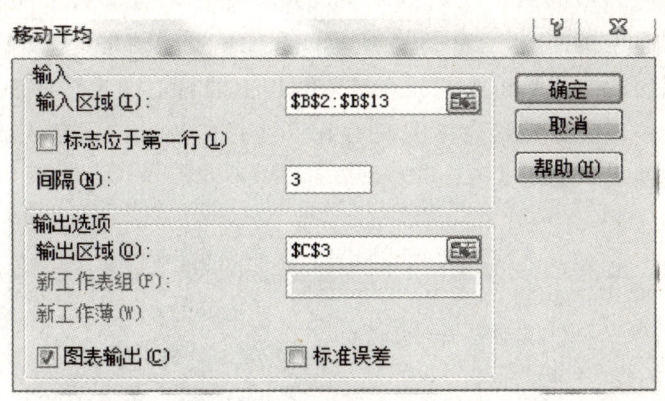

图 2-3 "移动平均"对话框

3）在"移动平均"对话框中，"输入区域"框中输入"＄B＄2：＄B＄13"，"间隔"框中输入"3"，"输出区域"框中输入"＄C＄3"，最后选中"图表输出"选项。

4）单击"确定"按钮，则运算结果就显示在单元格区域 C5：C14 中，如图 2-1 所示（图中的第 14 行预测数据即为 2015 年 1 月份的预测值），并自动出现输出图表，经过对原始图形进行磅值、线条、填充等修改可以得到如图 2-4 所示的输出图表。

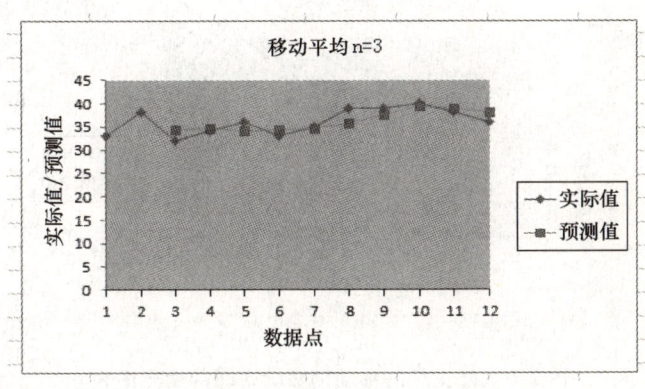

图 2-4 移动期数为 3 时的输出图表

由于我们是用前三个数来预测第四个数，所以预测值应该是从 4 月开始，但是 Excel 自动生成的图是从 3 月开始，这就出现了错误，需要我们自己对图进行修改。

单击图形中的预测值,我们可以看到预测值这条直线选中的数据,发现 1 月份预测数据不包括在内,如图 2-5 所示,我们需要做的是将 1 月份的数据也选择进去,最简便的方法是将光标放在蓝色数据框的右上端出现倾斜的双箭头时,按住鼠标往上拉,使数据包含 1 月份数据。经过修改可以得到正确的移动期数为 3 时的输出图表,如图 2-6 所示。

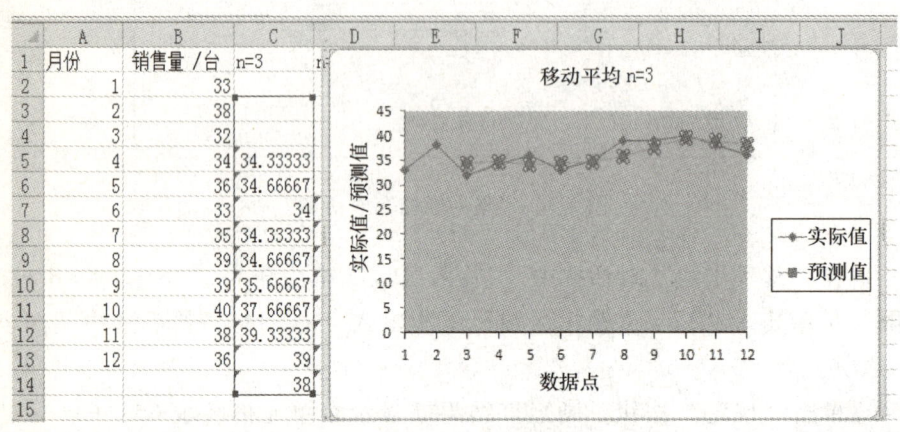

图 2-5　预测数据图与表的结合

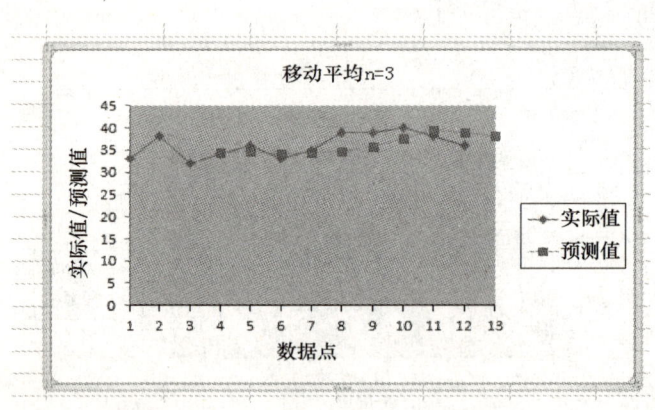

图 2-6　修正后的移动期数为 3 时的输出图表

用同样的方法,可以分析当移动期数为 5 和 7 时的分析结果,如图 2-1 所示。

(2)加权移动平均法。加权移动平均法是把前 N 期的加权平均数作为下一期的预测值,设 W_1,W_2,…,W_N 分别代表 Y_t,Y_{t-1},…,Y_{t-N+1} 的权数,则第

$t+1$ 期的预测值为

$$\hat{Y}_{t+1} = (W_1 Y_t + W_2 Y_{t-1} + \cdots + W_N Y_{t-N+1})/(W_1 + W_2 + \cdots + W_N)$$

权数 $W_j (j = 1, 2, \cdots, N)$

【案例分析】 某商场 2014 年 1 月份至 11 月份的实际销售额如表 2-1 所示。假定跨越期为 3 个月,权数为 1、2、3,试用加权移动平均法预测 12 月份的销售额。

表 2-1 某商场实际销售额

月 份	销 售 额	3 个月的加权移动平均
1	38	
2	45	
3	35	
4	49	38.83
5	70	43.67
6	43	57.17
7	46	53
8	55	49
9	45	50
10	68	48.5
11	64	58.17
12		62.17

一次移动平均法只能用来对下一期进行预测,不能用于长期预测。必须选择合理的移动跨期,跨期越大对预测的平滑影响也越大,移动平均数滞后于实际数据的偏差也越大。跨期太小则又不能有效消除偶然因素的影响。跨期取值可在 3~20 间选取。

2. 二次移动平均法

二次移动平均法是对时间序列计算一次移动平均数后,再对一次移动平均数序列进行一次移动平均运算的方法。二次移动平均法与一次移动平均法相比,其优点是大大减少了滞后偏差,使预测准确性提高,但是二次移动平均只适用于短期预测。

其预测模型为

$$M_{t+1} = \frac{Y_t + Y_{t-1} + \cdots + Y_{t-k+1}}{k}$$

$$D_{t+1} = \frac{M_t + M_{t-1} + \cdots + M_{t-k+1}}{k}$$

式中 D_{t+1}——二次移动平均数值；

M_{t+1}——一次移动平均数值。

二次移动平均法解决了一次移动平均法只能预测下一期的局限性，它可以进行近、短期的预测。但它仍不能解决中长期的预测问题。

2.3 指数平滑预测

指数平滑法实际上也是一种加权平均法，它是一种改良的加权平均法，其预测模型为

$$\hat{y}_{t+1} = \hat{y}_t + \alpha(y_t - \hat{y}_t)$$

式中 α——平滑系数，$0 \leq \alpha \leq 1$。

在指数平滑法中，确定合适的 α 值和初始值是非常重要的。α 越大，t 期的实际值对新预测值的贡献就越大；α 越小，t 期的实际值对新预测值的贡献就越小。一般情况下，可以取几个不同的 α 值进行预测，比较它们的预测误差，选择预测误差最小的 α 值。由于阻尼系数与平滑系数之和为 1，则 Excel 计算中运用的就是阻尼系数。

【例 2-2】 某企业的有关销售数据如图 2-7 所示，利用指数平滑法进行预测分析，其步骤如下：

	A	B	C	D	E
1	月份	销售量/台	阻尼系数0.2	阻尼系数0.4	阻尼系数0.6
2	1	33			
3	2	38	33.0	33.0	33.0
4	3	32	37.0	36.0	35.0
5	4	34	33.0	33.6	33.8
6	5	36	33.8	33.8	33.9
7	6	33	35.6	35.1	34.7
8	7	35	33.5	33.9	34.0
9	8	39	34.7	34.5	34.4
10	9	39	38.1	37.2	36.3
11	10	40	38.8	38.3	37.4
12	11	38	39.8	39.3	38.4
13	12	36	38.4	38.5	38.2

图 2-7 指数平滑法实例

（1）从"数据"菜单中选中"数据分析"命令，则弹出"数据分析"对话

框,在"数据分析"对话框中的"分析工具"框中选中"指数平滑"选项,则弹出"指数平滑"对话框,如图 2-8 所示。

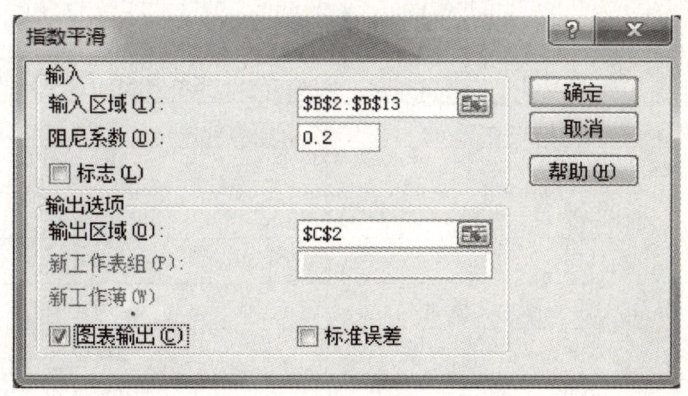

图 2-8 "指数平滑"对话框

(2)在"指数平滑"对话框中,"输入区域"框中输入"$B$2:$B$13","阻尼系数"框中输入"0.2","输出区域"框中输入"$C$2",最后选中"图表输出"选项。

(3)单击"确定"按钮,则运算结果就显示在单元格区域 C3:C13 中(图中的第 13 行预测数据即为第 12 月的预测值),如图 2-7 所示,并自动出现输出图,如图 2-9 所示。

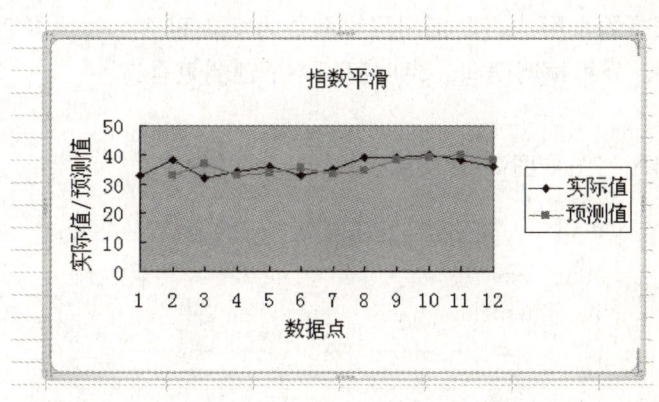

图 2-9 指数平滑法预测的输出图(阻尼系数 0.2)

用同样的方法,可以分析当阻尼系数为 0.4 和 0.6 时的分析结果,如图 2-9 所示。

【例 2-3】 表 2-2 是 2003～2014 年北京市地区生产总值数据，根据以下要求可以运用上述方法进行求解分析。

表 2-2 北京市地区生产总值数据

年　份	北京市地区生产总值/亿元
2003	5007.2
2004	6033.2
2005	6969.5
2006	8117.8
2007	9846.8
2008	11115.0
2009	12153.0
2010	14113.6
2011	16251.9
2012	17879.4
2013	19500.6

（1）绘制时间序列图描述其形态。

（2）分别用 3 期、5 期、7 期移动平均法预测 2014 年的北京市地区生产总额，并做出 3 期移动平均预测的输出图表。

（3）采用指数平滑法，分别用阻尼系数为 0.3 和 0.5 时预测 2014 年北京市地区生产总额，分析预测误差，说明用哪一个预测更合适？

参考答案：

（1）时间序列图如图 2-10 所示。

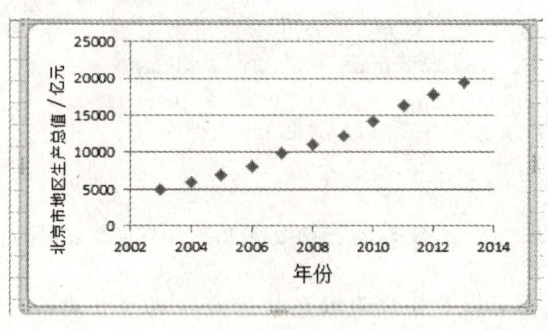

图 2-10　时间序列图

（2）2014 年的预测值如图 2-11 所示。

	A	B	C	D	E
1	年份	北京市地区生产总值/亿元	n=3	n=5	n=7
2	2003	5007.2			
3	2004	6033.2			
4	2005	6969.5			
5	2006	8117.8	6003.2		
6	2007	9846.8	7040.167		
7	2008	11115	8311.367	7194.9	
8	2009	12153	9693.2	8416.46	
9	2010	14113.6	11038.27	9640.42	8463.214
10	2011	16251.9	12460.53	11069.24	9764.129
11	2012	17879.4	14172.83	12696.06	11223.94
12	2013	19500.6	16081.63	14302.58	12782.5
13	2014		17877.3	15979.7	14408.61

图 2-11　一次移动平均法预测

Excel 自动输出的图表如图 2-12 所示（以移动期数为 3 为例）。

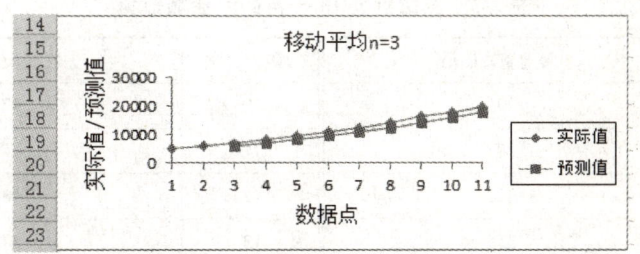

图 2-12　移动期数为 3 时的输出图表

修正后的图表如图 2-13 所示。

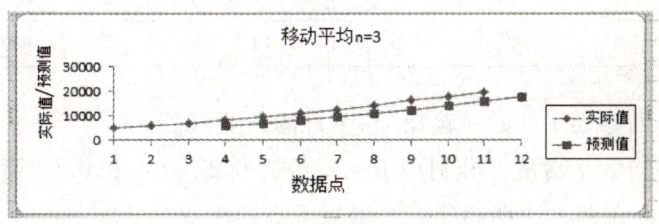

图 2-13　修正后的图表

（3）由 Excel 输出的指数平滑预测值如图 2-14 所示。

2014 年阻尼系数为 0.3 时的预测值为 18790.23；阻尼系数为 0.5 时的预测值为 17820.22。比较误差平方可知，阻尼系数为 0.3 时的预测更合适。

	A	B	C	D	E	F
1	年份	北京市地区生产总值	阻尼系数0.3	误差平方	阻尼系数0.5	误差平方
2	2003	5007.2				
3	2004	6033.2	5007.2	1052676	5007.2	1052676
4	2005	6969.5	5725.4	1547784.81	5520.2	2100470
5	2006	8117.8	6596.27	2315053.54	6244.85	3507942
6	2007	9846.8	7661.341	4776231.04	7181.325	7104757
7	2008	11115	9191.1623	3701151.5	8514.0625	6764876
8	2009	12153	10537.84869	2608713.75	9814.53125	5468436
9	2010	14113.6	11668.45461	5978735.99	10983.7656	9795863
10	2011	16251.9	13380.05638	8247485.77	12548.6828	13713818
11	2012	17879.4	15390.34691	6195385.26	14400.2914	12104197
12	2013	19500.6	17132.68407	5607025.83	16139.8457	11294669
13	合计			42030243.5		72907704

图 2-14　指数平滑预测图

【例 2-4】　表 2-3 是一家旅馆过去 18 个月的营业额数据，根据以下要求，可以运用上述方法进行求解分析。

表 2-3　旅馆过去 18 个月的营业额数据

月　份	营业额/万元	月　份	营业额/万元
1	295	10	473
2	283	11	470
3	322	12	481
4	355	13	449
5	286	14	544
6	379	15	601
7	381	16	587
8	431	17	644
9	424	18	660

（1）用 3 期移动平均法预测第 19 个月的营业额。

（2）采用指数平滑法，分别用阻尼系数为 0.3、0.4 和 0.5 时预测各月的营业额，分析预测误差，说明用哪一个阻尼系数预测更合适？

参考答案：

（1）第 19 个月的 3 期移动平均预测值为

$$y_{19} = \frac{587 + 644 + 660}{3} = 630.33$$

（2）由 Excel 输出的指数平滑预测值如图 2-15 所示。

第 2 章 时间序列预测

	A	B	C	D	E	F	G	H
1	月份	营业额	阻尼系数0.3	误差平方	阻尼系数为0.4	误差平方	阻尼系数为0.5	误差平方
2	1	295						
3	2	283	295	144	295	144	295	144
4	3	322	286.6	1253.16	287.8	1169.64	289	1089
5	4	355	311.38	1902.7044	308.32	2179.022	305.5	2450.25
6	5	286	341.914	3126.375396	336.328	2532.908	330.25	1958.063
7	6	379	302.7742	5810.372586	306.1312	5309.862	308.125	5023.266
8	7	381	356.13226	618.4044927	349.85248	970.168	343.5625	1401.566
9	8	431	373.539678	3301.688604	368.540992	3901.128	362.28125	4722.267
10	9	424	413.761903	104.818622	406.0163968	323.41	396.640625	748.5354
11	10	473	420.928571	2711.433716	416.8065587	3157.703	410.3203125	3928.743
12	11	470	457.378571	159.3004623	450.5226235	379.3682	441.6601563	803.1467
13	12	481	466.213571	218.638471	462.2090494	353.0998	455.8300781	633.525
14	13	449	476.564071	759.7780331	473.4836198	599.4476	468.4150391	376.9437
15	14	544	457.269221	7522.227952	458.7934479	7260.157	458.7075195	7274.807
16	15	601	517.980766	6892.193143	509.9173792	8296.044	501.3537598	9929.373
17	16	587	576.09423	118.9358209	564.5669517	503.2417	551.1768799	1283.296
18	17	644	583.728269	3632.68156	578.0267807	4352.466	569.0884399	5611.742
19	18	660	625.918481	1161.549958	617.6107123	1796.852	606.54422	2857.52
20	合计			39438.26322		43228.52		50236.04

图 2-15 指数平滑预测图

阻尼系数为 0.3 时的预测值为 649.77，误差均方 = 39438.3；

阻尼系数为 0.4 时的预测值为 643.04，误差均方 = 43228.5；

阻尼系数为 0.5 时的预测值为 633.3，误差均方 = 50236。

比较各误差平方可知，阻尼系数为 0.3 时的预测更合适。

第3章 回归分析模型

3.1 回归分析方法概述

回归分析预测法是通过研究两组或两组以上变量间相互依赖的定量关系，建立相应的回归预测模型，对变量进行预测的一种方法，其运用十分广泛。回归分析按照涉及的自变量数量的多少，可分为一元回归分析和多元回归分析；按照自变量和因变量之间的关系类型，可分为线性回归分析和非线性回归分析。如果在回归分析中，只包括一个自变量和一个因变量，且二者的关系可用一条直线近似表示，这种回归分析称为一元线性回归分析。如果回归分析中包括两个或两个以上的自变量，且因变量和自变量之间是线性关系，则称为多元线性回归分析。

1. 回归分析预测法的基本程序

进行回归分析的步骤如下：

（1）收集有关资料。将各种可能的影响因素的有关数据尽可能多地收集起来。

（2）判断趋势。根据收集到的数据，判断其变化趋势，从而为建立相应的数学模型做准备。对于变量不多的情况，可以通过绘制散点图来判断其变化趋势。

（3）建立预测数学模型。根据历史数据的变化趋势，选择描写该问题相应的数学模型，并采用相关的计算技术来估计数学模型的参数。

（4）相关检验。对建立的预测数学模型，必须进行相关的检验，主要是通过计算预测模型的相关系数、方差（或标准差）以及显著性等指标，来判断预测模型的准确性、是否需要修正以及采用何种方法修正等问题。

2. 回归模型建立的方法

建立回归模型的一般方法是采用最小二乘法，其原理如下：

考虑 m 个自变量 X_1，X_2，$\cdots$，X_m 和因变量 Y 的关系，现有 n 组观测数据，

不同 $X_{ki}(k=1,2,\cdots,m;i=1,2,\cdots,n)$ 下的 Y 的观测值为 Y_i，函数 $y=f(x_k)$ 的待估计参数为 a_k ($k=1,2,\cdots,m+1$，这里，有一个待估计常数并且每个自变量有一个待估计系数，故有 $m+1$ 个待估计参数)，通过回归预测模型得到不同 X_{ki} 下的预测值为 $\hat{Y}_i$，则有：

总离差平方和 TSS

$$\text{TSS} = \sum_{i=1}^{n}(Y_i - \overline{Y})^2$$

残差平方和 RSS

$$\text{RSS} = \sum_{i=1}^{n}(Y_i - \hat{Y}_i)^2$$

回归平方和 ESS

$$\text{ESS} = \sum_{i=1}^{n}(\hat{Y}_t - \overline{Y})^2$$

相关系数 R^2

$$R^2 = \frac{\text{ESS}}{\text{TSS}} = 1 - \frac{\text{RSS}}{\text{TSS}}$$

$\overline{Y}$ 为观测值 Y_i 的平均值，即

$$\overline{Y} = \frac{1}{n}\sum_{i=1}^{n}Y_i$$

那么，最小二乘法的原理就是寻找最优的待估计参数 a_k，使残差平方和最小。

3. 预测中常用的几种回归模型

(1) 一元线性回归模型。当只有一个自变量和一个因变量，并且它们之间存在线性关系时，可以用一元线性回归模型来描述。一元线性回归模型为

$$Y = mX + b + \mu$$

式中　X——自变量；

　　　Y——因变量；

　　　m，b——待估的回归系数，其中 b 代表截距，m 代表斜率；

　　　μ——随机干扰项。

(2) 一元非线性回归模型。当自变量和因变量之间的关系不能用线性关系来描述时，则需要建立一元非线性回归模型。根据自变量 X 和因变量 Y 之间的关系，一元非线性回归模型常见的有以下几种情况：

对数模型

$$Y = m\ln X + b + \mu$$

指数模型

$$Y = be^{mX} + \mu$$

乘幂模型

$$Y = bX^m + \mu$$

双曲线模型

$$Y = b + m\frac{1}{X} + \mu$$

以上几种一元非线性模型均可通过数学变换转化成一元线性模型。

（3）多元线性回归模型。当自变量有两个或两个以上，且因变量与这些自变量之间呈线性组合关系时，它们就构成了多元线性回归模型，模型形式为

$$Y = m_1X_1 + m_2X_2 + \cdots + m_nX_n + b + \mu$$

式中　$X_1, X_2, \cdots, X_n$——自变量；

　　　Y——因变量；

　$b, m_1, m_2, \cdots, m_n$——估计参数；

　　　μ——随机干扰项。

利用 Excel 的回归工具进行预测分析通常有三种方法：图表法、回归分析法和公式法。

3.2　图表法

图表法仅能解决一元线性或非线性回归问题，不能解决多元回归问题。

【**例 3-1**】　某企业 2005～2014 年的产品销售收入 Y（万元）与广告支出 X_1（万元）和居民平均收入 X_2（元）的有关数据如图 3-1 所示，则利用图表法进行回归分析，其方法和步骤如下，这里仅以产品销售收入 Y（万元）与广告支出 X_1（万元）的一元线性关系为例：

	A	B	C	D
1	年份	产品销售收入Y/万元	广告支出X_1/万元	居民平均收入X_2/元
2	2005	400	19	2100
3	2006	460	23	2400
4	2007	480	26	2600
5	2008	500	30	2900
6	2009	520	25	3200
7	2010	620	33	3700
8	2011	640	38	3900
9	2012	700	44	4200
10	2013	740	50	4500
11	2014	800	58	4900

图 3-1　某企业的有关销售数据

(1) 选择单元格区域 B2：C11。

(2) 单击工具栏上的"插入"按钮，在"图表"中选"XY 散点图"，其"子图表类型"选择第 1 种，如图 3-2 所示。

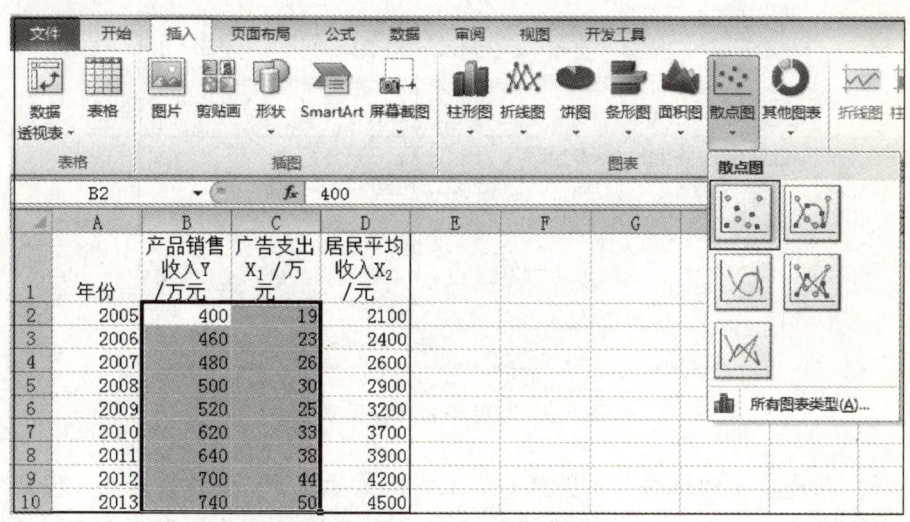

图 3-2　准备作散点图

(3) 右击散点，单击"选择数据"，在"名称"栏中填入"销售收入"，在"X 值"栏中输入"＝Sheet1！\$C\$2：\$C\$11"，在"Y 值"栏中输入"＝Sheet1！\$B\$2：\$B\$11"（用鼠标拾取单元格区域），如图 3-3 所示。

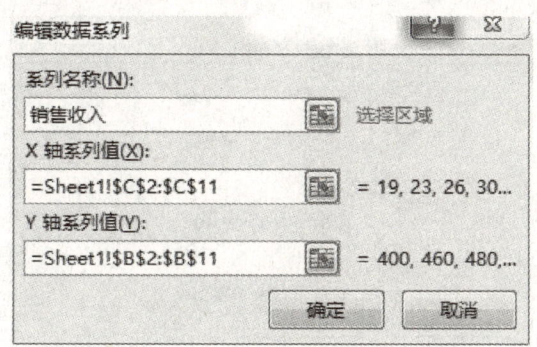

图 3-3　填入源数据

(4) 单击"确定"按钮。则在工作表上看到输出的图形，对其进行必要的调整（如坐标、字体、位置等）。在图表工具选项下单击"布局"，在"主要横坐标轴标题"下拉菜单中单击"坐标轴下方标题"，右击坐标轴，输入相应的名称，纵坐标参考横坐标操作。如图3-4所示。

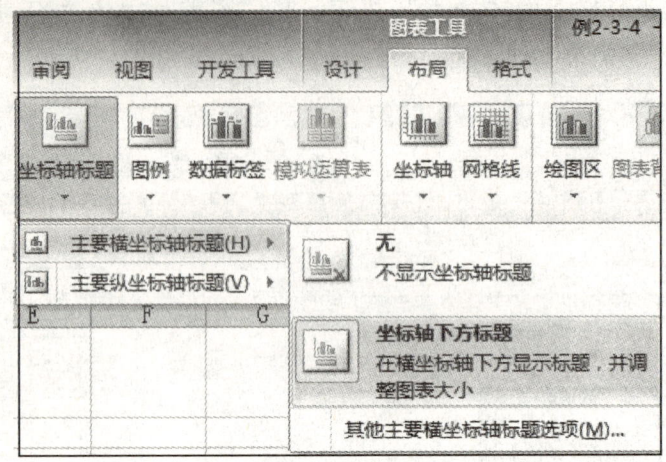

图3-4　坐标轴名称设置项

（5）在系列"数据点"上的任一点上，按鼠标左键，使各数据点出现记号，再右击数据点，选中"添加趋势线"项，出现"添加趋势线"对话框，勾选"显示公式""显示R平方值"，如图3-5所示。

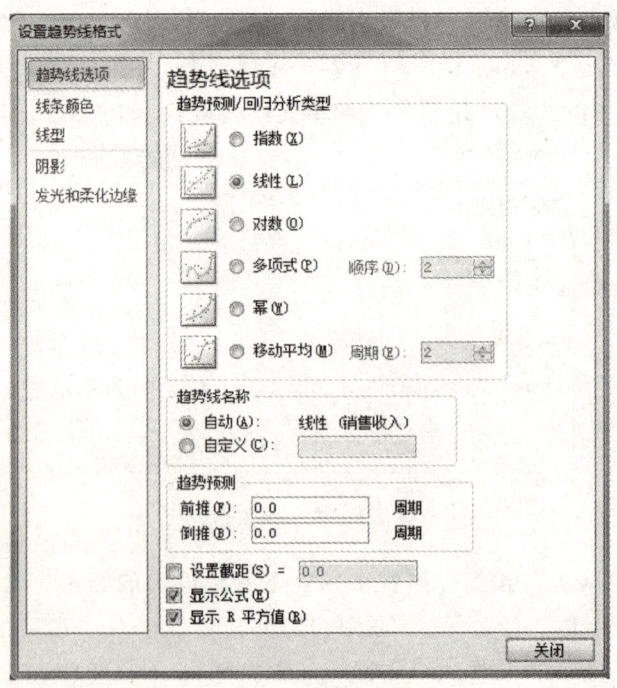

图3-5　"添加趋势线"对话框

(6) 在"添加趋势线"中的"类型"对话框中,有"线性""对数""多项式""乘幂""指数"和"移动平均"6个选项。通过观察 XY 散点图可知,产品销售收入与广告支出之间呈明显的线性关系,故这里选"线性"。

(7) 单击"关闭"按钮,则在图形上显示出较粗的预测线、回归方程和 R 平方值,然后进行必要的调整,得到如图 3-6 的结果。

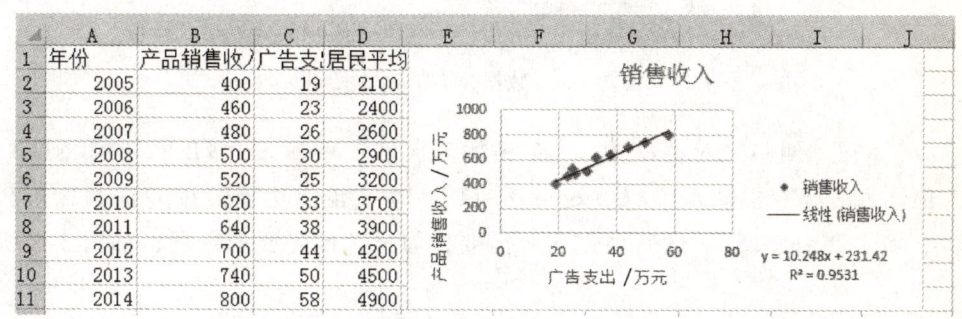

图 3-6 输出图形

用同样的方法还可以确定产品销售收入与居民平均收入的关系。

3.3 回归分析法

回归分析法是在掌握大量观察数据的基础上,利用数理统计方法建立因变量与自变量之间的回归关系函数表达式(一般称为回归方程)。回归分析法可以对一元线性或多元线性以及某些可以转化为线性的非线性问题进行回归分析。

回归分析法预测是利用回归分析方法,根据一个或一组自变量的变动情况预测与其有相关关系的某随机变量的未来值。进行回归分析需要建立描述变量之间相关关系的回归方程。根据自变量的个数,可以是一元回归,也可以是多元回归。根据所研究问题的性质,可以是线性回归,也可以是非线性回归。非线性回归方程一般可以通过数学方法转化为线性回归方程进行处理。

【例 3-2】 仍以【例 3-1】的有关资料为例,在 Excel 中的回归分析步骤如下:

(1) 从"数据"菜单中选中"数据分析"命令,则弹出"数据分析"对话框,在"数据分析"对话框中的"分析工具"框中选中"回归"选项,如图 3-7 所示,则弹出"回归"对话框。

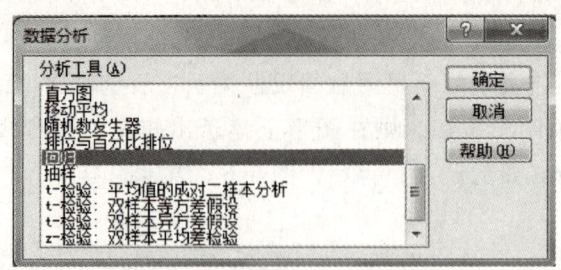

图 3-7 "数据分析"对话框

(2) 在"回归"对话框中,"Y 值输入区域"中输入"$B $2：$B $11","X 值输入区域"中输入"$C $2：$D $11",在"输出选项"中勾选"输出区域",填入"$A $15",然后根据实际需要,勾选其他需要的选项,如图 3-8 所示。

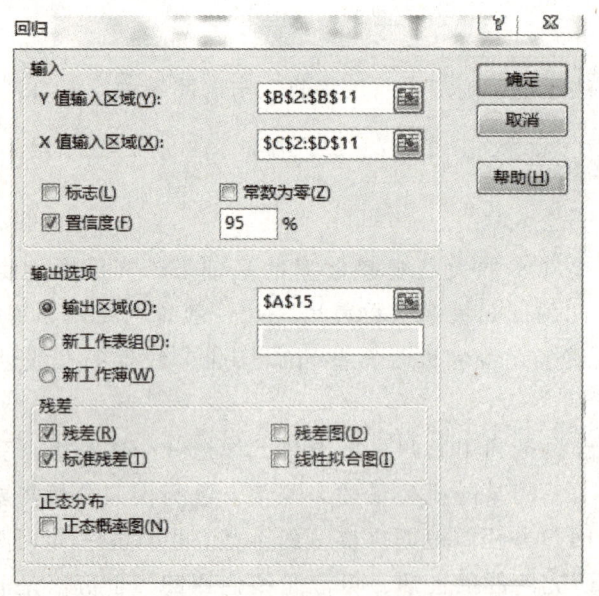

图 3-8 "回归"选项

(3) 单击"确定"按钮,回归分析的摘要就输出在本工作表上,如图 3-9 所示。对这些数据进行分析可知：R 平方值为 0.9940,说明因变量与自变量之间相关性很高;其他统计检验也达到相应的标准（请参考相关统计学书籍）。从而得到回归方程为 $Y = 132.849 + 2.9741 X_1 + 0.1018 X_2$。

	A	B	C	D	E	F	G	H	I	J
15	SUMMARY OUTPUT									
16										
17	回归统计									
18	Multiple	0.9969779								
19	R Square	0.9939649								
20	Adjusted	0.9922406								
21	标准误差	11.746487								
22	观测值	10								
23										
24	方差分析									
25			df	SS	MS	F	nificance F			
26	回归分析		2	2E+05	79537	576.439	1.7E-08			
27	残差		7	965.9	137.98					
28	总计		9	2E+05						
29										
30			Coefficient	标准误差	t Stat	P-value	ower 95%	Upper 95%	下限 95.0%	上限 95.0%
31	Intercep	132.84895	18.23	7.2868	0.00016	89.7385	175.959	89.7385	175.959	
32	X Variab	2.9740623	1.1	2.7032	0.0305	0.37253	5.57559	0.37253	5.57559	
33	X Variab	0.1018164	0.015	6.8872	0.00023	0.06686	0.13677	0.06686	0.13677	
34										
35										
36										
37	RESIDUAL OUTPUT									
38										
39	观测值	预测 Y	残差	标准残差						
40	1	403.17062	-3.17	-0.306						
41	2	445.6118	14.39	1.3889						
42	3	474.89727	5.103	0.4926						
43	4	517.33845	-17.3	-1.674						
44	5	533.01306	-13	-1.256						
45	6	607.71377	12.29	1.186						
46	7	642.94737	-2.95	-0.285						
47	8	691.33667	8.663	0.8363						
48	9	739.72597	0.274	0.0265						
49	10	804.24503	-4.25	-0.41						

图 3-9 回归分析的计算机输出

当自变量只有一个（即一元回归）时，上述方法同样适用。

3.4 公式法

Excel 提供了关于估计线性模型和指数模型参数的几个预测函数。线性模型和指数模型的数学表达式如下：

线性模型

$$y = mx + b$$

或

$$y = m_1 x_1 + m_2 x_2 + \cdots + b$$

指数模型
$$y = bm^x$$
或
$$y = bm_1^{x_1} m_2^{x_2} \cdots$$

式中　　　　　　　　y——因变量；

　　　　　　　　　　x——自变量；

$m, m_1, \cdots, m_{n-1}, m_n, b$——预测模型的待估计参数。

Excel 提供的预测函数主要有 LINEST 函数、LOGEST 函数，它们所使用的参数都基本相同，现列于表 3-1 中，以供参考。

表 3-1　预测函数的参数及含义

参　数	含　义
Known_y's	因变量 y 的观测值集合
Known_x's	自变量 x 的观测值集合，它是一个自变量（即一元模型）或多个变量（即多元模型）的集合。如果仅使用一个变量，那么只要 known_y's 和 known_x's 具有相同的维数，则它们可以是任何形状的区域；如果使用多个变量，则 known_y's 必须为向量（即必须为一行或一列）；如果省略 known_x's，则假设该数组为 $\{1,2,3,\cdots\}$，其大小与 known_y's 相同
Const	一个逻辑值，用于指定是否将常量 b 强制设为 0（线性模型）或为 1（指数模型）。如果 Const 为 TRUE 或被省略，b 将按通常方式计算；如果 Const 为 FALSE，b 将被设为 0（线性模型）或为 1（指数模型）
stats	一个逻辑值，用于指定是否返回附加回归统计值。如果 stats 为 TRUE，则 LINEST 函数返回附加回归统计值，这时返回的数组为 $\{m_n, m_{n-1}, \cdots, m_1, b; se_n, se_{n-1}, \cdots, se_1, se_b; r^2, se_y; F, df; ss_{reg}, ss_{resid}\}$ 如果 stats 为 FALSE 或被省略，LINEST 函数只返回系数 m 和常量 b。附加回归统计值返回的顺序见表 3-2 表 3-2 中的各参数说明见表 3-3 如果想要得到附加回归统计数组中的值，需用 INDEX 函数将其取出

表 3-2　附加回归统计值返回的顺序

	1	2	3	4	5	6
1	m_n	m_{n-1}	$\cdots$	m_2	m_1	b
2	se_n	se_{n-1}	$\cdots$	se_2	se_1	se_b
3	r^2	se_y				
4	F	df				
5	ss_{reg}	ss_{resid}				

表 3-3 各参数说明

参　　数	说　　明
$se_1,\ se_2,\ \cdots,\ se_n$	系数 $m_1,\ m_2,\ \cdots,\ m_n$ 的标准误差值
se_b	常量 b 的标准误差值（当 const 为 FALSE 时，se_b = #N/A）
r^2	判定系数。y 的估计值与实际值之比，范围在 0 到 1 之间。如果为 1，则样本有很好的相关性，y 的估计值与实际值之间没有差别。相反，如果判定系数为 0，则回归公式不能用来预测 y 值
se_y	y 估计值的标准误差
F	F 统计或 F 观察值。使用 F 统计可以判断因变量和自变量之间是否偶尔发生过可观察到的关系
df	自由度。用于在统计表上查找 F 临界值。将从表中查得的值与 LINEST 函数返回的 F 统计值进行比较可确定模型的置信区间
ss_{reg}	回归平方和
ss_{resid}	残差平方和

3.4.1 LINEST 函数

LINEST 函数的功能是使用最小二乘法计算，对已知数据进行最佳线性拟合的直线方程，并返回描述此线性模型的数组。因为此函数返回数值为数组，故必须以数组公式的形式输入。

函数公式为

= LINEST（known_y's，known_x's，const，stats）

下面举例说明 LINEST 函数的应用。

1. 一元线性回归分析

LINEST 函数可用于一元线性回归分析，也可以用于多元线性回归分析，以及时间数列的自回归分析。

当只有一个自变量 x（即一元线性回归分析）时，可直接利用下面的公式得到斜率和 y 轴的截距值以及相关系数：

斜率：INDEX（LINEST（known_y's，known_x's），1，1）或 INDEX（LINEST（known_y's，known_x's），1）

截距：INDEX（LINEST（known_y's，known_x's），1，2）或 INDEX（LINEST（known_y's，known_x's），2）

相关系数：INDEX（LINEST（known_y's, known_x's, true, true），3，1）

【例3-3】 某企业1~9月份的总成本与人工小时及机器工时的数据如图3-10所示。假设总成本与人工小时之间存在着线性关系，则在Excel的单元格B13中插入公式"=INDEX（LINEST（B2：B10，D2：D10），2）"，在单元格B14插入公式"=INDEX（LINEST（B2：B10，D2：D10），1）"，在单元格B15插入公式"=INDEX（LINEST（B2：B10，D2：D10，TRUE，TRUE），3，1）"，即得总成本与人工小时的一元线性回归分析方程为 $Y = 562.7279 + 4.4144X_1$，相关系数为 $R^2 = 0.998$。

	A	B	C	D
1	月份	总成本Y	人工小时X_1	机器工时X_2
2	1	1000	100	50
3	2	1120	128	55
4	3	1230	145	62
5	4	1350	180	70
6	5	1450	200	75
7	6	1580	235	78
8	7	1660	250	80
9	8	1800	280	92
10	9	1900	300	100
11	合计			
12		回归直线:Y=b+mX_1		
13	b=	562.7276		
14	m=	4.41444		
15	R^2=	0.99801		

图3-10 一元线性回归分析

2. 多元线性回归分析

【例3-4】 以【例3-3】的数据为例，首先选取单元格区域A17：D21，再以数组公式方式输入公式"=LINEST（B2：B10，C2：D10，TRUE，TRUE）"，即得该二元线性回归的有关参数，如图3-11所示，从而得到

回归方程 $Y = 471.4366 + 3.6165X_1 + 3.4323X_2$

相关系数 $R^2 = 0.9990$

标准差 $se_y = 11.7792$

	A	B	C	D
16	多元线性回归：Y=b+m1X_1+m2X_2			
17	3.432346	3.616534	471.436552	#N/A
18	1.560862	0.367756	43.4186986	#N/A
19	0.998898	11.77918	#N/A	#N/A
20	2719.982	6	#N/A	#N/A
21	754789.7	832.4942	#N/A	#N/A

图3-11 二元线性回归分析

3.4.2 LOGEST 函数

LOGEST 函数的功能是在回归分析中,计算最符合观测数据组的指数回归拟合曲线,并返回描述该指数模型的数组。由于这个函数返回一个数组,必须以数组公式输入。

LOGEST 函数的公式为

= LOGEST(known_y's, known_x's, const, stats)

【例3-5】 某企业 12 个月某产品的生产量(X)与生产成本(Y)的有关资料如图 3-12 所示,假设它们之间有如下关系:$y = b \cdot m^x$。选取单元格区域 B15:C18,输入数组公式"= LOGEST(C2:C13, B2:B13, TRUE, TRUE)",即得回归参数,如图 3-12 所示,参数 $m = 0.8887$,参数 $b = 1791.7729$,生产成本与生产量的回归曲线为 $Y = 1791.7729 \times 0.8887^X$,相关系数 $R^2 = 0.9589$。

	A	B	C
1	月份	生产量	生产成本
2	1	10.2	564.3
3	2	10.34	536.8
4	3	10.55	518.3
5	4	10.92	487.6
6	5	11.15	473.5
7	6	11.43	456.1
8	7	11.54	446.4
9	8	12.06	421.7
10	9	12.45	401.5
11	10	12.93	389.6
12	11	13.34	391.2
13	12	13.25	378.2
14		函数计算结果	
15		0.888708	1791.773
16		0.007729	0.090654
17		0.958851	0.028633
18		233.0222	10
19			
20	m=	0.888708	
21	b=	1791.773	
22	R^2=	0.958851	

图 3-12 指数回归

回归方程的系数及相关系数也可以利用下面的公式直接计算

参数 m　INDEX(LOGEST(C2:C13, B2:B13), 1) = 0.8887

参数 b　INDEX(LOGEST(C2:C13, B2:B13), 1, 2) = 1791.7729

相关系数 R^2　INDEX（LOGEST（C2：C13，B2：B13，TRUE，TRUE），3，1）= 0.95885

以下将给出运用多种公式法进行预测一元线性（非线性）回归例题。

【例3-6】　根据图3-13中所给的资料建立一元线性（非线性）回归预测模型。

	A	B	C	D	E	F	G	H	I	J	K	L	M
1						产品销售资料							
2	时间	2003	2004	2005	2006	2007	2008	2009	2010	2011	2012	2013	2014
3	影响因素	1	2	3	4	5	6	7	8	9	10	11	12
4	销售量/万台	33	34	36	35	40	39	43	42	44	47	49	53
5				回归分析						预测			
6	回归模型选择		方程表达式		系数计算结果			未来期数		1	2	3	4
7	一元线性模型	一元线性模型		Y=B+MX	B	M	R^2	影响因素		13	14	15	16
8	一元指数模型			Y=BM^X	30.181818	1.7027972	0.9504438	销售量预测		52.318182	54.020979	55.723776	57.426573

图3-13　一元线性（非线性）回归预测模型

下面利用线性回归中的 LINEST 函数和指数回归中的 LOGEST 函数，来建立一元线性（非线性）回归预测模型。

（1）首先建立销售预测模型，如图3-13所示，这里以2003～2014年的销售量为历史数据（可以是以年计算，也可以是以月计算，图3-13为以年计算）。

（2）设置回归模型选择控件。依次单击"开发工具"按钮→"控件"→"插入"，在"表单控件"栏目下选择"组合框"，在当前工作表绘制一个大小合适的组合框，如图3-14所示。右击该组合框，在弹出的菜单中选择"设置控件格式"，"数据源区域"为"\$A\$7：\$A\$8"，"单元格链接"为"\$B\$7"，"下拉显示项数"为"2"，如图3-15所示。

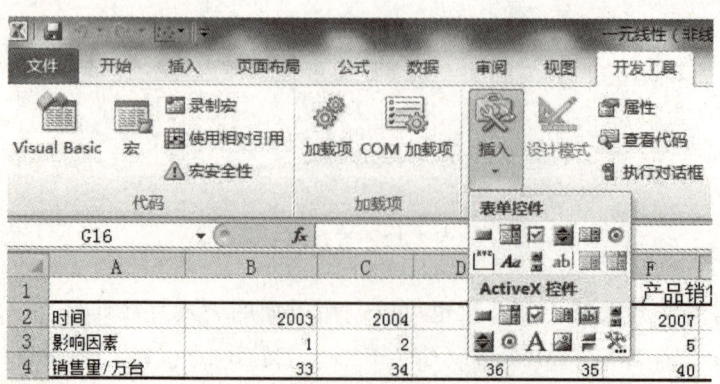

图3-14　"组合框"控件选择方法

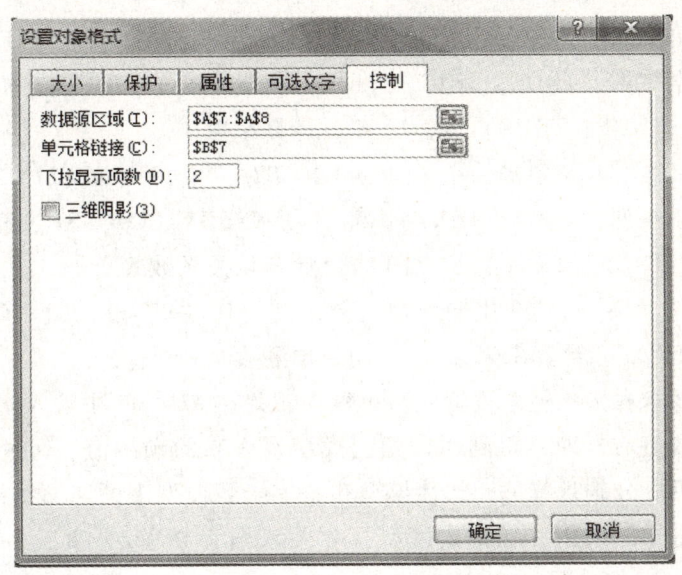

图 3-15　设置对象格式

（3）选取单元格区域 B3：M3，右击选择"定义名称"命令，或直接单击编辑栏中的名称框，将影响因素所在的单元格区域 B3：M3 定义为"影响因素序列"；用同样的方法，将销售量所在的单元格区域 B4：M4 定义为"销售序列"，如图 3-16 所示。

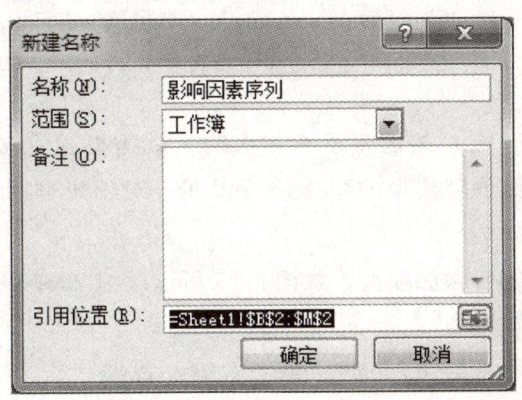

图 3-16　定义名称

（4）在单元格 E8 中输入公式"= IF（B7 = 1，INDEX（LINEST（销售序列，影响因素序列，TRUE，TRUE），1，2），INDEX（LOGEST（销售序列，影

响因素序列，TRUE，TRUE），1，2））”，计算系数 B。

（5）在单元格 F8 中输入公式“ = IF（B7 = 1，INDEX（LINEST（销售序列，影响因素序列，TRUE，TRUE），1，1），INDEX（LOGEST（销售序列，影响因素序列，TRUE，TRUE），1，1））”，计算系数 M。

（6）在单元格 G8 中输入公式“ = IF（B7 = 1，INDEX（LINEST（销售序列，影响因素序列，TRUE，TRUE），3，1），INDEX（LOGEST（销售序列，影响因素序列，TRUE，TRUE），3，1））”，计算相关系数 R^2。

（7）在单元格 J8：M8 中输入数组公式“ = IF（B7 = 1，E8 + F8 * J7：M7，E8 * F8^J7：M7）”，计算未来第 1 ~ 4 期的预测值。

在影响因素和销售量两列输入历史数据，并在 J7：M7 中输入未来 4 期的影响因素预测数值后，即可得到回归预测模型及未来的预测值。通过选择不同的回归模型，可以分别计算一元线性模型和一元指数模型下的回归结果及预测值。由计算结果可知，采用一元指数模型（相关系数为 0.962）要比一元线性模型（相关系数为 0.950）更为准确。

【例 3-7】 根据图 3-17 中所给的资料建立多元线性回归预测模型。

	A	B	C	D	E	F	G	H	I	J	K	L	M
1							产品销售资料						
2	时间	2003	2004	2005	2006	2007	2008	2009	2010	2011	2012	2013	2014
3	影响因素1	154	166	213	240	255	256	289	299	311	323	334	356
4	影响因素2	140	146	154	162	169	170	172	179	182	185	194	198
5	销售额	244	253	255	261	269	279	288	298	306	316	323	330
6				回归分析				时间		1	2	3	4
7		回归表达式				系数计算结果		影响因素预测值1		367	375	384	390
8				A	B	C	R^2	影响因素预测值2		203	206	210	215
9	$Y=A+BX_1+CX_2$			6.0368945	-0.025994	1.6736389	0.9463923	销售额预测值		336.24587	341.05884	347.51945	355.73168

图 3-17 多元线性回归销售预测模型

当影响销售量（额）的因素不止一个时，就需要建立多元线性回归模型。下面就二元线性回归预测模型的建立进行说明，对于影响因素在两个以上的情况，可参照本模型建立。

（1）首先建立销售预测模型，如图 3-17 所示，以 2003 ~ 2014 年的历史数据为依据。

（2）选取单元格区域 B3：M4，单击右键，选择“定义名称”命令，或直接单击编辑栏中的名称框，将影响因素所在的单元格区域 B3：M4 定义为“影响因素序列”；用同样的方法，将销售额所在的单元格区域 B5：M5 定义为“销售序列”。

（3）在单元格 D9 中输入公式“ = INDEX（LINEST（销售序列，影响因素

	A	B	C	D	E	F	G
1	年份	净收入Y	研究经费X_1	研究人员X_2	ln Y	ln X_1	ln X_2
2	2005	433	388	313	6.070738	5.961005	5.746203
3	2006	441	390	323	6.089045	5.966147	5.777652
4	2007	452	399	337	6.113682	5.988961	5.820083
5	2008	466	409	341	6.144186	6.013715	5.831882
6	2009	471	412	355	6.154858	6.021023	5.872118
7	2010	479	424	360	6.171701	6.049733	5.886104
8	2011	480	428	364	6.173786	6.059123	5.897154
9	2012	509	456	375	6.232448	6.122493	5.926926
10	2013	513	467	380	6.240276	6.146329	5.940171
11	2014	528	480	388	6.269096	6.173786	5.961005

图 3-19 某地区科研系统有关资料

	A	B	C	D	E	F	G	H	I
12	SUMMARY OUTPUT								
13	回归统计								
14	Multiple R	0.9967							
15	R Square	0.9935							
16	Adjusted R	0.9916							
17	标准误差	0.006							
18	观测值	10							
19	方差分析								
20		df	SS	MS	F	Significance F			
21	回归分析	2	0.03873	0.0194	533.01057	2.24241E-08			
22	残差	7	0.00025	4E-05					
23	总计	9	0.03899						
24									
25		Coefficien	标准误差	t Stat	P-value	Lower 95%	Upper 95%	下限 95.0%	上限 95.0%
26	Intercept	0.7622	0.1669	4.5669	0.0025836	0.367568375	1.1568985	0.3675684	1.1568985
27	X Variable	0.5502	0.08717	6.3117	0.0003996	0.344062438	0.7563077	0.3440624	0.7563077
28	X Variable	0.3537	0.09251	3.8238	0.0065102	0.13498641	0.5724891	0.1349864	0.5724891
29	RESIDUAL OUTPUT								
30	观测值	预测 Y	残差	标准残差					
31	1	6.0745	-0.0038	-0.715					
32	2	6.0885	0.00055	0.104					
33	3	6.1161	-0.0024	-0.446					
34	4	6.1338	0.01034	1.9448					
35	5	6.1521	0.00276	0.5187					
36	6	6.1728	-0.0011	-0.215					
37	7	6.1819	-0.0081	-1.53					
38	8	6.2273	0.00513	0.9655					
39	9	6.2451	-0.0048	-0.91					
40	10	6.2676	0.00151	0.2831					

图 3-20 回归分析结果

3.5.2 直接求解非线性回归问题

虽然我们可以利用 Excel 提供的各种预测分析工具解决大多数财务预测中的实际问题,但这些预测分析工具并不是万能的,其预测误差也随着实际问题的复杂化而增大。比如对于一些非线性预测问题,常常是将其通过变量替换而转换为线性问题。但是,这种变换过程一方面增加了计算工作量,另一方面也可能导致分析精度下降,因为变换后的数据容易使观测数据的性质发生变化,导致自变量与因变量之间的关系发生扭曲,从而影响回归方程的精度。因此,这种将非线性转换为线性的做法是存在一定的缺陷的。此外,有些非线性问题根本无法直接转换为线性问题,除非做出大量的简化,而这样又必然使得到的回归方程严重失真。

因此,对于非线性回归问题,最好的方法是直接进行回归分析,即求解使残差平方和最小或使相关系数最大的回归方程,但非线性回归过程是一个循环寻优过程,需要先设置回归方程系数的初值,然后计算观测值与预测值的残差平方和,不断寻找使残差平方和最小的回归方程系数,这实际上是一个优化问题。因此,可以利用 Excel 的规划求解工具求解非线性回归问题,当然也可以用来求解线性回归问题。

在利用规划求解工具直接求解非线性回归问题时,需要使用以下几个计算公式:

自由度

$$df = n - m$$

式中 n——观测次数;

m——待估计参数的个数。

残总离差平方和 TSS

$$\text{TSS} = \sum_{i=1}^{n} (Y_i - \overline{Y})^2$$

残差平方和 RSS

$$\text{RSS} = \sum_{i=1}^{n} (Y_i - \hat{Y}_i)^2$$

回归平方和 ESS

$$\text{ESS} = \sum_{i=1}^{n} (\hat{Y}_i - \overline{Y})^2$$

相关系数 R^2

$$R^2 = \frac{\text{ESS}}{\text{TSS}} = 1 - \frac{\text{RSS}}{\text{TSS}}$$

$\overline{Y}$ 为观测值 Y_i 的平均值,即

$$\overline{Y} = \frac{1}{n} \sum_{i=1}^{n} Y_i$$

式中　Y_i、$\hat{Y}_i$——分别为第 i 个观测值和预测值($i = 1, 2, \cdots, n$)。

下面结合实例说明在 Excel 上进行非线性回归的具体方法和步骤。

【例 3-10】　以图 3-21 的有关资料为例,利用 Excel 的规划求解工具来求解非线性回归问题的方法和步骤如下:

(1)如图 3-21 所示,单元格 G2:G4 为变动单元格,分别存放待估计参数 a、b、c,其初值可设为 0。

(2)在单元格 E2:E11 中输入预测值数组公式"= G2 * (C2:C11) ^G3 * (D2:D11) ^G4"。

	A	B	C	D	E	F	G
1	年份	净收入Y	研究经费X_1	研究人员X_2	预测值	计算结果	
2	2005	433	388	313	426.246	系数a	2.071633
3	2006	441	390	323	438.8527	系数b	0.000209
4	2007	452	399	337	456.456	系数c	0.926775
5	2008	466	409	341	461.4773	平均值	477.2
6	2009	471	412	355	479.011	自由度	7
7	2010	479	424	360	485.2633	残差平方和	393.6554
8	2011	480	428	364	490.2592	剩余标准差	7.499099
9	2012	509	456	375	503.9815	相关系数	0.61072
10	2013	513	467	380	510.2087		
11	2014	528	480	388	520.1588		

图 3-21　利用规划求解工具进行非线性回归分析

(3)在单元格 G5 中输入观测值的平均值公式"= AVERAGE(B2:B11)";在单元格 G6 中输入自由度公式"= COUNT(B2:B11) - COUNT(G2:G4)";在单元格 G7 中输入残差平方和公式"= SUM((B2:B11 - E2:E11) ^2)"(数组公式输入);在单元格 G8 中输入剩余标准差公式"= SQRT(G7/G6)";在单元格 G9 中输入相关系数 R^2 的计算公式"= 1 - G7/SUM((B2:B11 - G5) ^2)"(数组公式输入)。

(4)单击 Excel 工具菜单,选择"规划求解"项,出现"规划求解参数"对话框。

(5)在"规划求解参数"对话框中,"设置目标单元格"设置为单元格"$G$7",即目标函数为残差平方和;"到"设置为"最小";"通过可更改单

格"设置为"\$G \$2：\$G \$4"。然后单击"求解"，即可得到回归方程的系数 a、b、c，出现"规划求解结果"对话框，然后单击"确定"按钮，保存规划求解结果。

　　需要注意的是，若系数 a、b、c 的初值设置不合适的话，则一次求解过程（即在 Excel 上进行"数据"→"规划求解"→"求解"→"确定"这样一个求解过程）可能得不到最优结果（或得不到解），这时需要进行多次求解，即在第一次求解结果的基础上，再进行第二次求解，得到第二次求解结果，然后在第二次求解结果的基础上，再进行第三次求解，得到第三次求解结果，如此继续下去，直到求出的系数 a、b、c 的值不再变化且残差平方和最小为止，即得到最优结果。在上例中，当 a、b、c 的初始值设为 0 时，经过 2 次求解过程即得到最优结果，如图 3-21 所示。

第4章 优化决策模型

最优化技术（Optimization）是一种在约束条件下，通过选择决策变量值，寻求实现目标最大或最小的过程。这些我们寻求的最大或最小的数量称为目标函数（Objective Function），而一系列使目标函数达到最大或最小的决策变量值我们称之为最优解（Optimal Solution）。

最优化问题的类型：

（1）根据有无约束条件可以分为无约束条件的最优化问题和有约束条件的最优化问题。无约束条件的最优化问题是在资源无限的情况下求解最佳目标，而有约束条件的最优化问题则是在资源限定的情况下求解最佳目标。

（2）根据它们的数学结构可分为线性和非线性规划问题。线性规划问题有两个基本特征：①目标函数和所有的约束条件都是决策变量的线性函数，这意味着每一个方程都是简单多项式，即只出现一次方的形式，如 $3x+4y$；②所有的变量都是连续变量，它们可以假设代表任何实际值。整数规划问题中决策变量只能取整数，一个特殊的整数规划问题是所有的变量都只能是0或者1，这种二值变量可以帮助我们建立逻辑模型，"是"或"否"的决策。如果目标函数或约束条件均为决策变量的非线性函数，即出现了一次方以外（二次方、三次方、指数、对数、三角函数等）的形式，则为非线性规划问题，如 $3x^2+5xy$。

在随后的几节中将介绍如何使用Excel求解最优化问题。

4.1 线性规划

在20世纪40年代当线性规划被首次提出的时候，事实上唯一能求解这种问题的方法是一种叫作"单纯形法"的冗长的人工数学求解过程。然而在随后的几十年，随着计算机技术的发展，计算机被频繁地用于求解线性规划问题。"单纯形法"的数学步骤被编写到专为线性规划问题求解设计的软件包中。本节中，我们将举例说明如何使用Excel建立线性规划模型，并利用Excel中的规划求解工具对模型求解。

4.1.1 在 Excel 中加载规划求解工具

规划求解加载宏（简称规划求解）是 Excel 的一个加载项[⊖]，可以用来解决线性规划与非线性规划的优化问题。规划求解可以用来解决最多有 200 个变量、100 个外在约束和 400 个简单约束（决策变量整数约束的上下边界）的问题，可以设置决策变量为整型变量。

规划求解工具在 Office 典型安装状态下不会自动安装，可以通过自定义安装选择该项或通过"添加/删除"程序增加规划求解加载宏。

加载规划求解加载宏的方法如下：

（1）Excel2013 开发工具中包含了关于宏操作的一些内容，由于大部分 Excel 使用者是用不到这些功能的，所以在默认情况下不会显示开发工具。先单击 Office 中"文件"按钮，然后单击"选项"按钮，再单击"自定义功能区"按钮，然后选中"自定义功能区（B）"下的"开发工具"旁边的复选框，然后单击"确定"按钮。

（2）打开"开发工具"下拉列菜单，然后单击"加载项"（如图 4-1 所示），打开"加载宏"对话框。

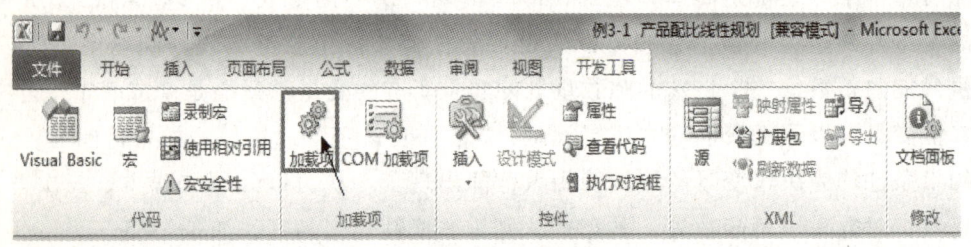

图 4-1 宏加载项

（3）在"可用加载宏（A）"框中，选中"规划求解加载项"旁边的复选框[⊖]（如图 4-2 所示），然后单击"确定"按钮。

（4）如果出现一条消息，指出您的计算机上当前没有安装规划求解，请单击"是"按钮，用原 Office 安装盘进行安装。

⊖ 加载项的功能是为 Microsoft Office 提供自定义命令或自定义功能的补充程序。
⊖ 如果"规划求解"未列出，请单击"浏览"按钮进行查找。

（5）单击菜单栏上的"数据"，此时"规划求解"命令会添加到"数据"菜单中。

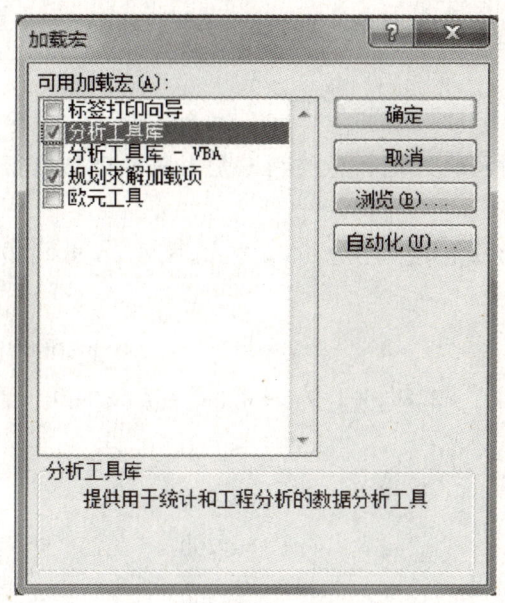

图 4-2　"加载宏"对话框

4.1.2　在 Excel 中建立线性规划模型

下面以产品配比问题为例。

【例 4-1】　一家医药制造公司生产 6 种产品，其在资源方面的需求、单位利润和需求量情况如表 4-1 所示。对每种产品的需求都是有限的，每月生产的产品不能超过需求的数量。公司可提供的劳动力工时为 5000h，可提供的原料为 2000lb（1lb = 0.453592kg）。公司想知道各生产每种产品多少磅可以使利润最大化。

表 4-1　原始数据

消耗系数	产品 1	产品 2	产品 3	产品 4	产品 5	产品 6	现有
劳动力/h	1.0	2.0	3.0	4.0	5.0	6.0	5000
原料/lb	3.4	2.8	1.9	0.5	0.6	0.1	2000
单位利润/元	1.1	3.2	4.2	5.6	5.2	6.0	
需求量/lb	560	460	760	300	1003	1043	

解:

1. 决策变量

这个问题包括 6 个决策变量,即该公司生产药品 1~6 的产量 x_1, x_2, x_3, x_4, x_5, x_6(lb)。

2. 目标函数

公司的目标是利润最大化。总的利润是由每种产品取得的利润的和,目标函数表示为

$$\text{Max } Z = 1.1x_1 + 3.2x_2 + 4.2x_3 + 5.6x_4 + 5.2x_5 + 6x_6$$

3. 模型约束条件

$$\text{s.t.} \begin{cases} x_1 + 2x_2 + 3x_3 + 4x_4 + 5x_5 + 6x_6 \leq 5000 \\ 3.4x_1 + 2.8x_2 + 1.9x_3 + 0.5x_4 + 0.6x_5 + 0.1x_6 \leq 2000 \\ x_1 \leq 560 \\ x_2 \leq 460 \\ x_3 \leq 760 \\ x_4 \leq 300 \\ x_5 \leq 1003 \\ x_6 \leq 1043 \\ x_j \geq 0, 1 \leq j \leq 6 \end{cases}$$

4. 用 Excel 进行计算机求解

(1) 在 Excel 工作表内输入目标函数的系数、约束方程的系数、右端常数项,如图 4-3 所示。

	A	B	C	D	E	F	G	H
1					1.数据输入区			
2	消耗系数	产品1	产品2	产品3	产品4	产品5	产品6	现有
3	劳动力/h	1	2	3	4	5	6	5000
4	原料/lb	3.4	2.8	1.9	0.5	0.6	0.1	2000
5	单位利润/元	1.1	3.2	4.2	5.6	5.2	6	
6	需求量/lb	560	460	760	300	1003	1043	

图 4-3 数据输入

(2) 选定目标函数单元、可变单元、约束函数单元,定义目标函数、约束

函数，如图 4-4 所示。

	A	B	C	D	E	F	G	H	I	J
1		1.数据输入区							2.输出区	
2	消耗系数	产品1	产品2	产品3	产品4	产品5	产品6	现有	利润	
3	劳动力 /h	1	2	3	4	5	6	5 000	劳动力	
4	原料 /lb	3.4	2.8	1.9	0.5	0.6	0.1	2 000	原料	
5	单位利润 /元	1.1	3.2	4.2	5.6	5.2	6		产品1产量	
6	需求量 /lb	560	460	760	300	1 093	1042		产品2产量	
7									产品3产量	
8									产品4产量	
9									产品5产量	
10		目标函数单元		约束函数单元			可变单元		产品6产量	
11										
12										
13										

图 4-4　函数设定

其中，劳动力约束函数的定义公式是"＝MMULT（B3：G3，J5：J10）"，原料约束函数的定义公式是"＝MMULT（B4：G4，J5：J10）"，目标函数的定义公式是"MMULT（B5：G5，J5：J10）"，如图 4-5 所示。

	I	J
		2.输出区
	利润	=MMULT(B5:G5,J5:J10)
	劳动力	=MMULT(B3:G3,J5:J10)
	原料	=MMULT(B4:G4,J5:J10)
	产品1产量	
	产品2产量	
	产品3产量	
	产品4产量	
	产品5产量	
	产品6产量	

图 4-5　约束函数与目标函数公式

需要注意的是，当输入上述公式时，会出现"#VALUE！"，这是因为（J5：J10）单元格中的值为零。如若显示公式，需在"公式"中选择"显示公式"，如图 4-6 所示。

此外，函数 MMULT（B3：G3，J5：J10）的意义是：单元区 B3：G3 表示的行向量与单元区 J5：J10 表示的列向量的内积。这里需要特别注意的是，第一个单元区必须是行，第二个单元区必须是列，并且两个单元区所含的单元格个数必须相等。

（3）打开规划求解参数设定对话框设定模型。目标函数和可变单元的设定很简单，在此不再赘述。下面介绍约束条件的设定。

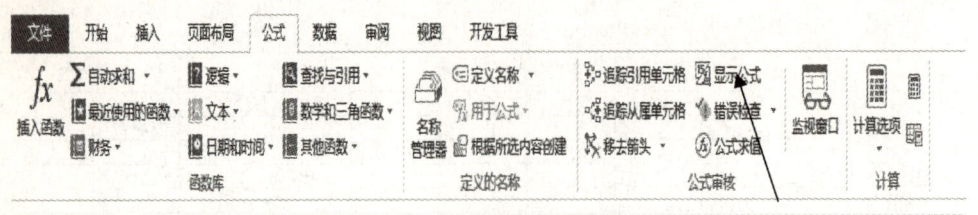

图 4-6　显示公式

1）约束条件 $\begin{cases} x_1 + 2x_2 + 3x_3 + 4x_4 + 5x_5 + 6x_6 \leq 5000 \\ 3.4x_1 + 2.8x_2 + 1.9x_3 + 0.5x_4 + 0.6x_5 + 0.1x_6 \leq 2000 \end{cases}$ 的设定，如图 4-7 所示。

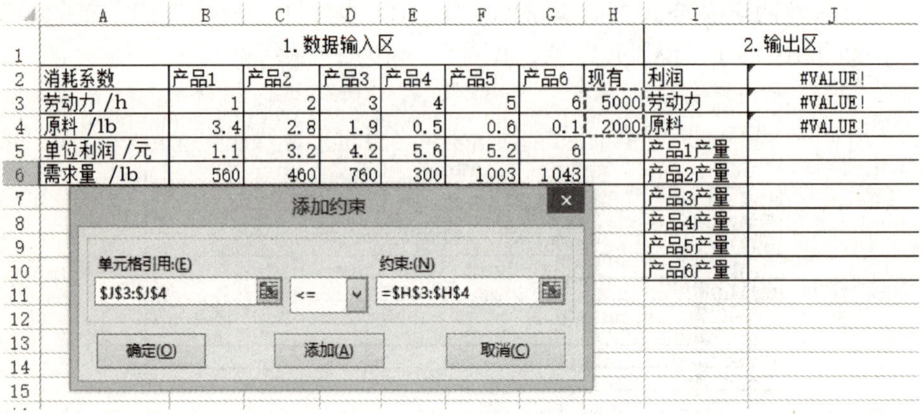

图 4-7　劳动力、原料约束条件设定

2）约束条件 $\begin{cases} x_1 \leq 560 \\ x_2 \leq 460 \\ x_3 \leq 760 \\ x_4 \leq 300 \\ x_5 \leq 1003 \\ x_6 \leq 1043 \end{cases}$ 的设定，如图 4-8 所示。

3）约束条件 $x_1 \geq 0$，$x_2 \geq 0$，…，$x_6 \geq 0$ 的设定，如图 4-9 所示。

第4章 优化决策模型

	A	B	C	D	E	F	G	H	I	J
1				1.数据输入区					2.输出区	
2	消耗系数	产品1	产品2	产品3	产品4	产品5	产品6	现有	利润	#VALUE!
3	劳动力 /h	1	2	3	4	5	6	5000	劳动力	#VALUE!
4	原料 /lb	3.4	2.8	1.9	0.5	0.6	0.1	2000	原料	#VALUE!
5	单位利润 /元	1.1	3.2	4.2	5.6	5.2	6		产品1产量	
6	需求量 /lb	560	460	760	300	1003	1043		产品2产量	

添加约束
单元格引用:(E) $J$5:$J$10
约束:(N) <= =$B$6:$G$6

图 4-8 需求约束条件设定

	A	B	C	D	E	F	G	H	I	J
1				1.数据输入区					2.输出区	
2	消耗系数	产品1	产品2	产品3	产品4	产品5	产品6	现有	利润	#VALUE!
3	劳动力 /h	1	2	3	4	5	6	5000	劳动力	#VALUE!
4	原料 /lb	3.4	2.8	1.9	0.5	0.6	0.1	2000	原料	#VALUE!
5	单位利润 /元	1.1	3.2	4.2	5.6	5.2	6		产品1产量	
6	需求量 /lb	560	460	760	300	1003	1043		产品2产量	

改变约束
单元格引用:(E) $J$5:$J$10
约束:(N) >= 0

图 4-9 产量约束条件设定

规划求解的全部参数设定结果如图4-10所示。在"选择求解方法"下拉列表框中勾选"单纯线性规划"选项。

4)求解。我们选择保存三个报告,如图4-11所示。

得到的三个报告分别如图4-12、图4-13、图4-14所示。

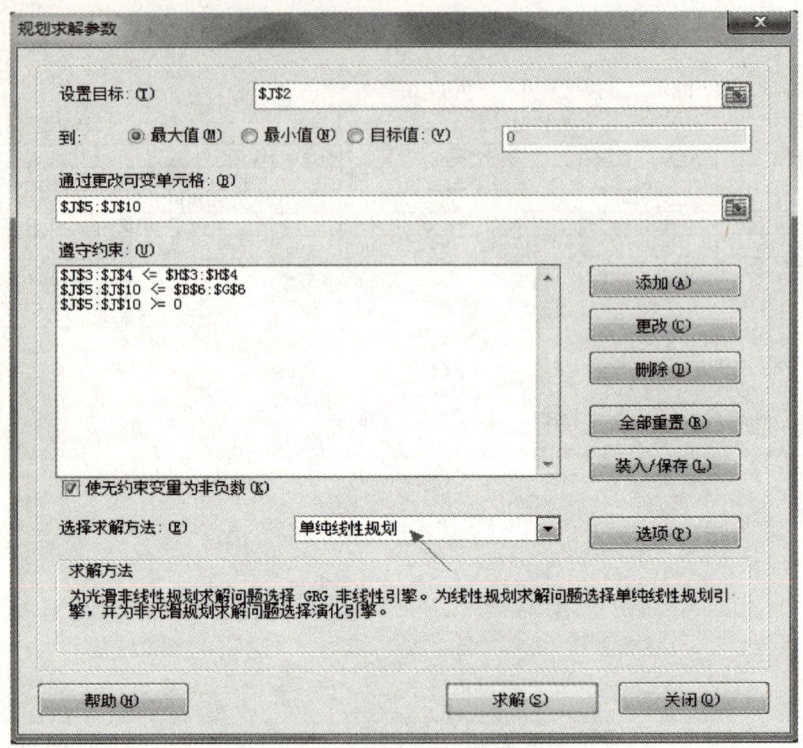

图 4-10 "规划求解参数"对话框

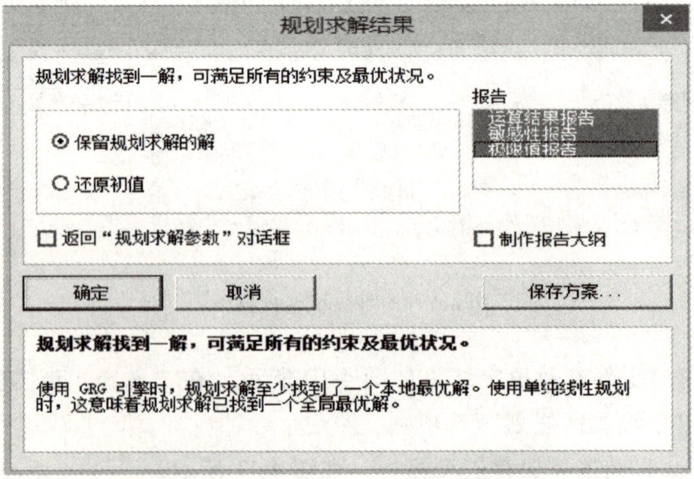

图 4-11 "规划求解结果"对话框

第4章 优化决策模型

	A	B	C	D	E	F	G
1	Microsoft Excel 14.0 运算结果报告						
2	工作表：[新建 Microsoft Excel 工作表.xls]Sheet1						
3	报告的建立：2014/5/11 23:23:45						
4	目标单元格（最大值）						
5		单元格	名称	初值	终值		
6		$J$2	利润	6557.108434	6557.108434		
7	可变单元格						
8		单元格	名称	初值	终值	整数	
9		$J$5	产品1产量	0	0	约束	
10		$J$6	产品2产量	137.5903614	137.5903614	约束	
11		$J$7	产品3产量	760	760	约束	
12		$J$8	产品4产量	300	300	约束	
13		$J$9	产品5产量	0	0	约束	
14		$J$10	产品6产量	207.4698795	207.4698795	约束	
15	约束						
16		单元格	名称	单元格值	公式	状态	型数值
17		$J$3	劳动力	5000	$J$3<=$H$3	到达限制值	0
18		$J$4	原料	2000	$J$4<=$H$4	到达限制值	0
19		$J$5	产品1产量	0	$J$5<=$B$6	未到限制值	560
20		$J$6	产品2产量	137.5903614	$J$6<=$C$6	未到限制值	322.4096386
21		$J$7	产品3产量	760	$J$7<=$D$6	到达限制值	0
22		$J$8	产品4产量	300	$J$8<=$E$6	到达限制值	0
23		$J$9	产品5产量	0	$J$9<=$F$6	未到限制值	1003
24		$J$10	产品6产量	207.4698795	$J$10<=$G$6	未到限制值	835.5301205
25		$J$5	产品1产量	0	$J$5>=0	到达限制值	0
26		$J$6	产品2产量	137.5903614	$J$6>=0	未到限制值	137.5903614
27		$J$7	产品3产量	760	$J$7>=0	未到限制值	760
28		$J$8	产品4产量	300	$J$8>=0	未到限制值	300
29		$J$9	产品5产量	0	$J$9>=0	到达限制值	0
30		$J$10	产品6产量	207.4698795	$J$10>=0	未到限制值	207.4698795

图 4-12　运算结果报告

	A	B	C	D	E	F	G	H
1	Microsoft Excel 15.0 敏感性报告							
2	工作表：[试验.xls]试验							
3	报告的建立：2015/1/30 16:17:40							
4								
5								
6	可变单元格							
7				终	递减	目标式	允许的	允许的
8		单元格	名称	值	成本	系数	增量	减量
9		$J$5	产品1产量	0	-1.36746988	1.1	1.36746988	1E+30
10		$J$6	产品2产量	137.5903614	0	3.2	0.594594595	0.129032258
11		$J$7	产品3产量	760	0.397590361	4.2	1E+30	0.397590361
12		$J$8	产品4产量	300	1.412048193	5.6	1E+30	1.412048193
13		$J$9	产品5产量	0	-0.024096386	5.2	0.024096386	1E+30
14		$J$10	产品6产量	207.4698795	0	6	1.434782609	0.03125
15								
16	约束							
17				终	阴影	约束	允许的	允许的
18		单元格	名称	值	价格	限制值	增量	减量
19		$J$3	劳动力	5000	0.992771084	5000	4953.5	1230
20		$J$4	原料	2000	0.43373494	2000	892	380.6666667

图 4-13　敏感性报告

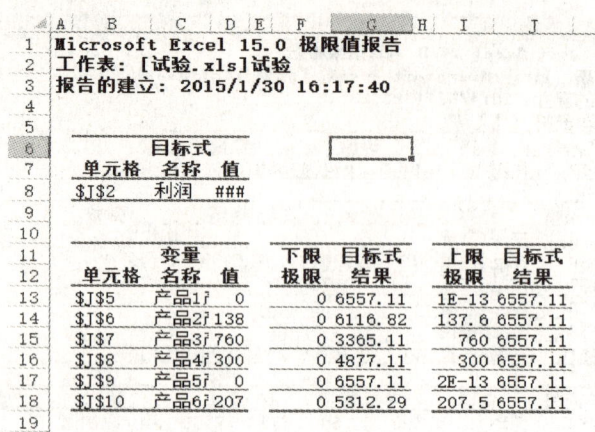

图 4-14 极限值报告

5. 解的解析

模型的解为 $\begin{cases} x_1 = 0 \\ x_2 = 137.59 \\ x_3 = 760 \\ x_4 = 300 \\ x_5 = 0 \\ x_6 = 207.47 \\ Z = 6557.11 \end{cases}$

【例 4-2】 "牛牛"奶制品厂用牛奶生产 a 和 b 两种奶制品。一桶牛奶可以在 1 号生产线上用 12h 加工成 3kg a 产品,或者在 2 号生产线上用 8h 加工成 4kg b 产品。由于市场对 a、b 两种奶制品的需求非常旺盛,因此每天所生产的 a、b 两种奶制品能全部出售。根据目前的市场情况,销售每千克 a 产品可获利 24 元,销售每千克 b 产品可获利 16 元。一桶牛奶可加工成 3kg a 产品或 4kg b 产品,"牛牛"奶制品厂每天能得到 50 桶牛奶的供应,每天工人的总劳动时间为 480h,并且 1 号生产线每天至多能加工 100kg a 产品,2 号生产线的加工能力没有限制。请为该厂制订一个生产计划,如何安排 a、b 两种奶制品,能使每天获利最大。

本生产计划是要解决如何安排 a、b 两种奶制品生产数量,才能获利最大,因此目标变量为总利润,设为 Y。决策变量为 a、b 两种奶制品生产数量,设 X_1

和 X_2 分别为 a、b 两种奶制品的产量（kg），显然 X_1 和 X_2 必须大于等于 0。因为每千克 a 产品可获利 24 元，销售每千克 b 产品可获利 16 元，那么目标函数即为：$Y = 24X_1 + 16X_2$。由于 1 号生产线可用 12h 加工成 3kg a 产品，因此生产每千克 a 产品所需要的时间为 4h；同理，2 号生产线生产每千克 b 产品所需要的时间为 2h，生产两种产品的总时间不能超过 480h，这样工时的约束条件为：$4X_1 + 2X_2 \leq 480$。因为一桶牛奶可加工成 3kg a 产品或 4kg b 产品，每天只能得到 50 桶牛奶，所以原材的约束条件为：$X_1/3 + X_2/4 \leq 50$。又因为 1 号生产线每天至多只能加工 100kg a 产品，2 号生产线的加工能力没有限制，所以生产能力的约束条件为 $X_1 \leq 100$。根据上述分析，可以列出以下目标函数和约束条件，如表 4-2 所示。

表 4-2 原始数据

消耗系数	A 产品	B 产品	现 有
劳动力/h	4	2	480
生产每千克产品所需原料/桶	1/3	1/4	50
每千克产品利润/元	24	16	
每天生产能力/kg	100	∞	

解：

1. 决策变量

这个问题包括两个决策变量，设生产 a 产品、b 产品分别为 X_1、X_2（kg）。

2. 目标函数

"牛牛"奶制品厂的目标是利润最大化，总利润是 a 产品、b 产品利润的总和。那么目标函数为

$$\text{Max } Z = 24X_1 + 16X_2$$

3. 模型约束条件

$$\begin{cases} 4X_1 + 2X_2 \leq 480 \\ X_1/3 + X_2/4 \leq 50 \\ 0 \leq X_1 \leq 100 \\ X_2 \geq 0 \end{cases}$$

4. 用 Excel 计算求解

（1）在 Excel 工作表内输入目标函数的系数、约束方程的系数、右端常数项，如图 4-15 所示。

	A	B	C	D
1		1.数据输入区		
2	消耗系数	a产品	b产品	现有
3	劳动力/h	4	2	480
4	原料/桶	1/3	1/4	50
5	每千克产品利润/元	24	16	
6	每天生产能力/kg	100	∞	
7				

图 4-15　数据输入

（2）选定目标函数单元、可变单元、约束函数单元，定义目标函数、约束函数，如图 4-16 所示。

	A	B	C	D	E	F
1		1.数据输入区			2.输出区	
2	消耗系数	a产品	b产品	现有	利润	
3	劳动力/h	4	2	480	劳动力	
4	原料/桶	1/3	1/4	50	原料	
5	每千克产品利润/元	24	16		a产品产量	
6	每天生产能力/kg	100	∞		b产品产量	
7						

图 4-16　函数设定

其中，劳动力约束函数的定义公式是"=MMULT（B3：C3，F5：F6）"，原料约束函数的定义公式是"=MMULT（B4：C4，F5：F6）"，目标函数的定义公式是"=MMULT（B5：C5，F5：F6）"。如图 4-17 所示。

	E	F
		2.输出区
	利润	=MMULT(B5:C5,F5:F6)
	劳动力	=MMULT(B3:C3,F5:F6)
	原料	=MMULT(B4:C4,F5:F6)
	a产品产量	
	b产品产量	

图 4-17　函数定义公式

同样，函数 MMULT（B3：C3，F5：F6）的意义是：单元区 B3：G3 表示的行向量与单元区 F5：F6 表示的列向量的内积。这里需要特别注意的是，第一个单元区必须是行，第二个单元区必须是列，并且两个单元区所含的单元格个数必须相等。

（3）打开规划求解参数设定对话框设定模型。

1）约束条件 $\begin{cases} 4X_1 + 2X_2 \leq 480 \\ X_1/3 + X_2 \leq 50 \end{cases}$ 的设定如图 4-18 所示。

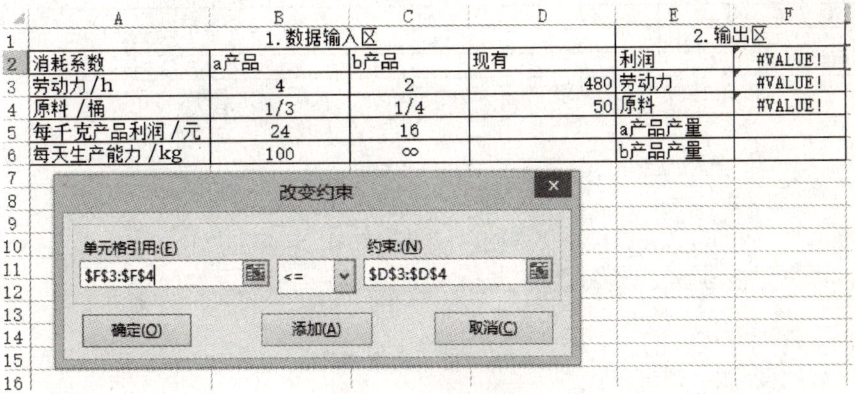

图 4-18　设立约束条件 1

2）约束条件 $X_1 \geq 0$，$X_2 \geq 0$ 的设定，如图 4-19 所示。

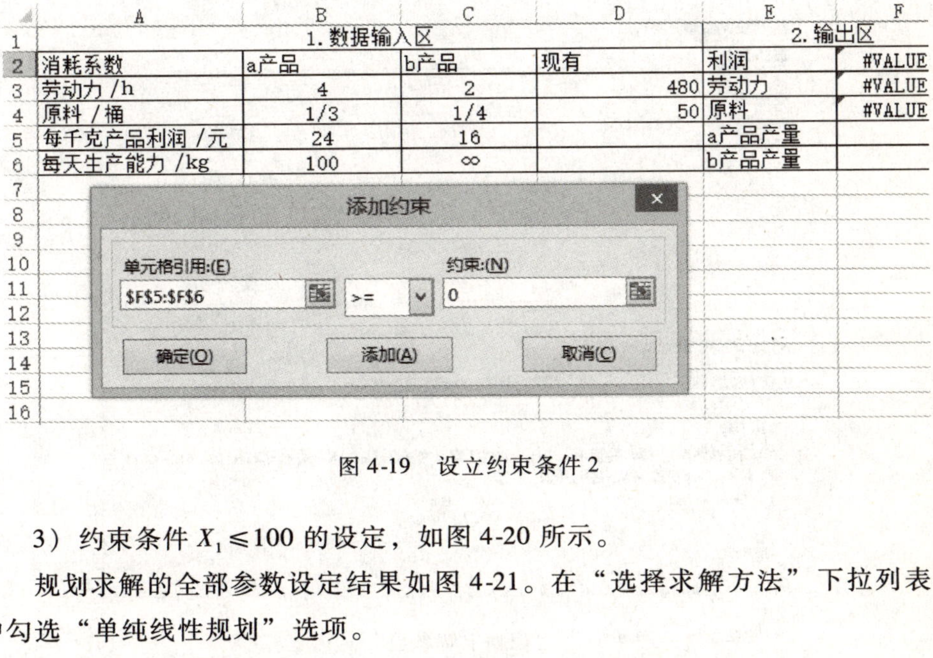

图 4-19　设立约束条件 2

3）约束条件 $X_1 \leq 100$ 的设定，如图 4-20 所示。

规划求解的全部参数设定结果如图 4-21。在"选择求解方法"下拉列表框中勾选"单纯线性规划"选项。

4）求解时我们选择保存 3 个报告，如图 4-22 所示。

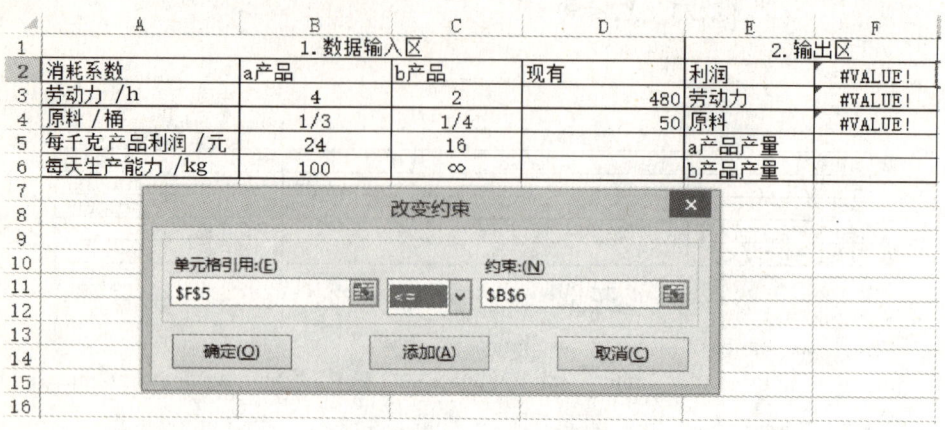

图 4-20 设立约束条件 3

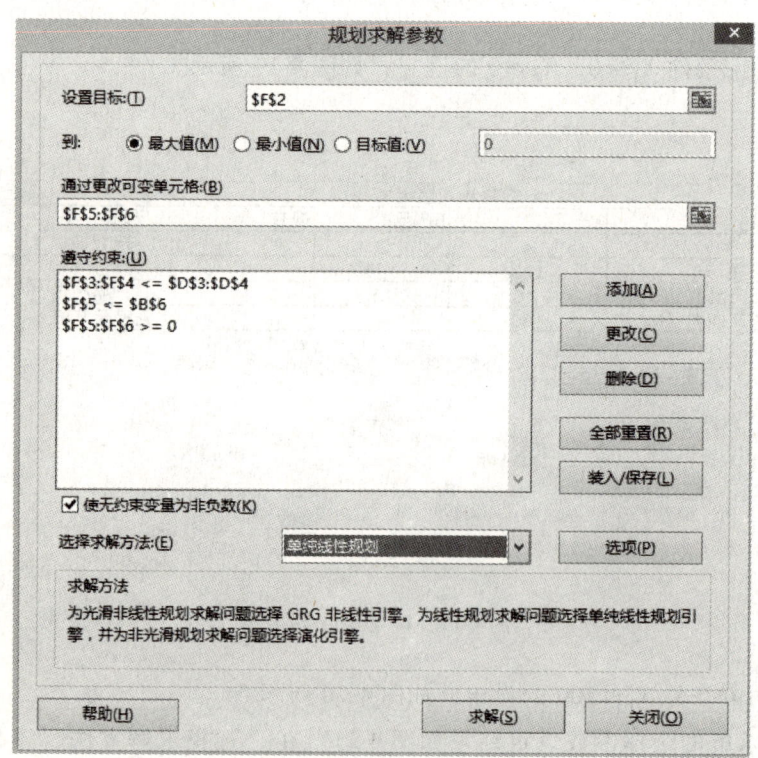

图 4-21 "规划求解参数"对话框

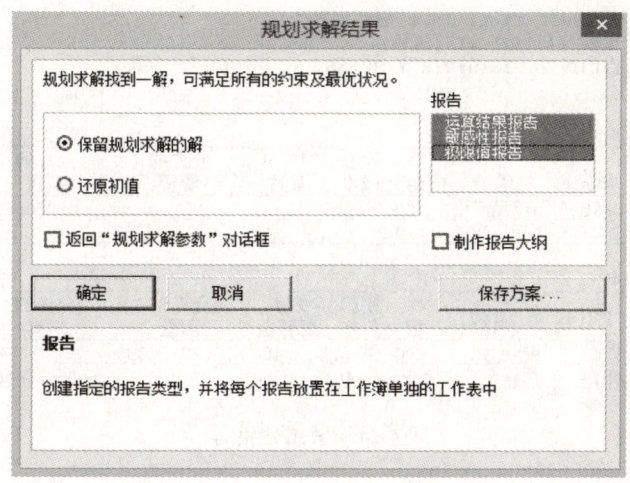

图 4-22　"规划求解结果"对话框

得到的三个报告如图 4-23、图 4-24 和图 4-25 所示。

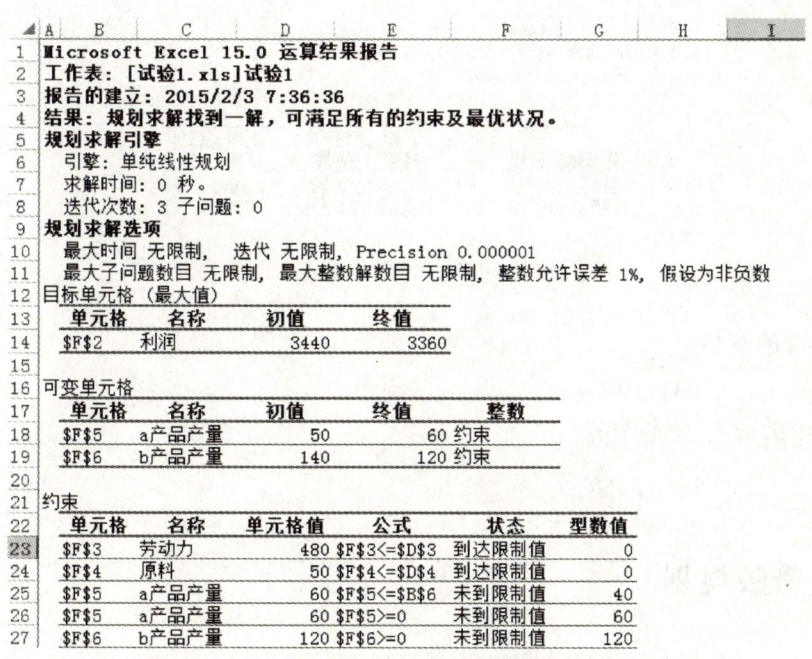

图 4-23　运算结果报告

图 4-24 敏感性报告

单元格	名称	终值	递减成本	目标式系数	允许的增量	允许的减量
$F$5	a产品产量	60	0	24	8	2.666666667
$F$6	b产品产量	120	0	16	2	4

单元格	名称	终值	阴影价格	约束限制值	允许的增量	允许的减量
$F$3	劳动力	480	2	480	53.33333333	80
$F$4	原料	50	48	50	10	6.666666667

图 4-24 敏感性报告

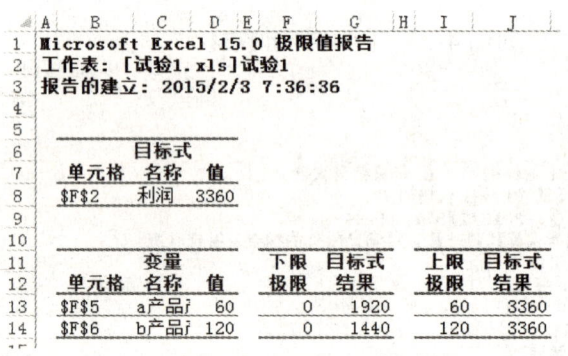

图 4-25 极限值报告

5. 解的解析

模型的解为 $\begin{cases} X_1 = 60 \\ X_2 = 120 \\ Y = 3360 \end{cases}$

4.2 整数规划

在线性规划问题中,最优解可能是整数,也可能不是整数,但对于某些实际问题,要求决策变量必须取整数,即整数规划问题。

有三种最基本的整数线性规划模型——全整数模型、0-1整数模型和混合整数模型。在全整数模型中，要求所有的决策变量都有整数解；在 0-1 整数模型中，所有的决策变量的值都是 0 或者 1；在混合整数模型中，要求有一些决策变量（不是所有的）有整数解。下面举一个 0-1 整数模型的例子。

【例 4-3】 一个社区的业主委员会决定在社区建设娱乐设施，他们有 4 种备选方案——游泳池、网球场、运动场和健身房。业主委员会希望建立的设施能得到居民对它的预期日使用量最大化，受到土地和成本的约束。每个设施的预期日使用量和成本、土地约束条件如表 4-3 所示。

表 4-3 设施明细表

娱乐设施	预期使用/（人/天）	成本/万元	土地需求/km²
游泳池	300	24.5	1.6
网球场	90	7.0	0.8
运动场	400	17.5	2.8
健身房	150	63.0	1.2

业主委员会现有资金 84 万元，土地 4.8 km²。由于游泳池和网球场必须建在同一片土地上，所以这两个设施只能建一个。业主委员会想知道建设怎样的娱乐设施组合能最大化总的预期日使用量。

1. 决策变量

这个问题包括 4 个决策变量，即 4 种娱乐设施是否建设：

$$\begin{cases} x_1 \text{——建设游泳池} \\ x_2 \text{——建设网球场} \\ x_3 \text{——建设运动场} \\ x_4 \text{——建设健身房} \end{cases}$$

在这个模型中，决策变量的值不是 0 就是 1：如果某一个设施未被选择建设，就用其决策变量等于 0 来表示；若某一个设施被选择建设，则其决策变量的值便为 1。

2. 目标函数

业主委员会的目标是总的预期日使用量最大化。目标函数表示为

$$\text{Max } Z = 300x_1 + 90x_2 + 400x_3 + 150x_4$$

3. 模型约束条件

$$\text{s.t.} \begin{cases} 24.5x_1 + 7x_2 + 17.5x_3 + 63x_4 \leq 84 \\ 1.6x_1 + 0.8x_2 + 2.8x_3 + 1.2x_4 \leq 4.8 \\ x_1 + x_2 \leq 1 \\ x_1, x_2, x_3, x_4 = 0 \text{ 或 } 1 \end{cases}$$

其中，$x_1 + x_2 \leq 1$ 反映的是要么游泳池（x_1）被建设，要么网球场（x_2）被建设，两者不能同时被建设。为了保证总数小于等于 1，只有一个变量可以是 1 或者都为 0。

4. 用 Excel 进行计算机求解

图 4-26 展示了 Excel 电子表格中建立的该例子的模型。设施的决策变量、目标函数以及模型资源方面的约束条件。

	A	B	C	D	E	F	G	H
1			1. 数据输入区					
2	娱乐设施	游泳池	网球场	运动场	健身房			
3	预期使用/（人/天）	300	90	400	150	资源使用量	约束条件	提供量
4	资源约束							
5	成本/万元	24.5	7	17.5	63	0	≤	84
6	土地需求/km²	1.6	0.8	2.8	1.2	0	≤	4.8
7	互斥约束						≤	1
8	2. 输出区——娱乐设施选择							
9	游泳池=							
10	网球场=							
11	运动场=							
12	健身房=							
13	总的预期日使用量	0						
14								
15								
16								
17								

图 4-26　基础数据

其中，成本约束函数的定义公式是单元格 F5 "= B5 * B9 + C5 * B10 + D5 * B11 + E5 * B12"；土地需求约束函数的定义公式是单元格 F6 "= B6 * B9 + C6 * B10 + D6 * B11 + E6 * B12"；目标函数的定义公式是单元格 B13 "= B3 * B9 + C3 * B10 + D3 * B11 + E3 * B12"。

规划求解参数的设置如图 4-27 所示。其中约束中"整数"的选择如图 4-28 所示。点击"规划求解参数"窗口中的"求解"按钮，即得到本例的解，如图 4-29 所示。

第 4 章 优化决策模型

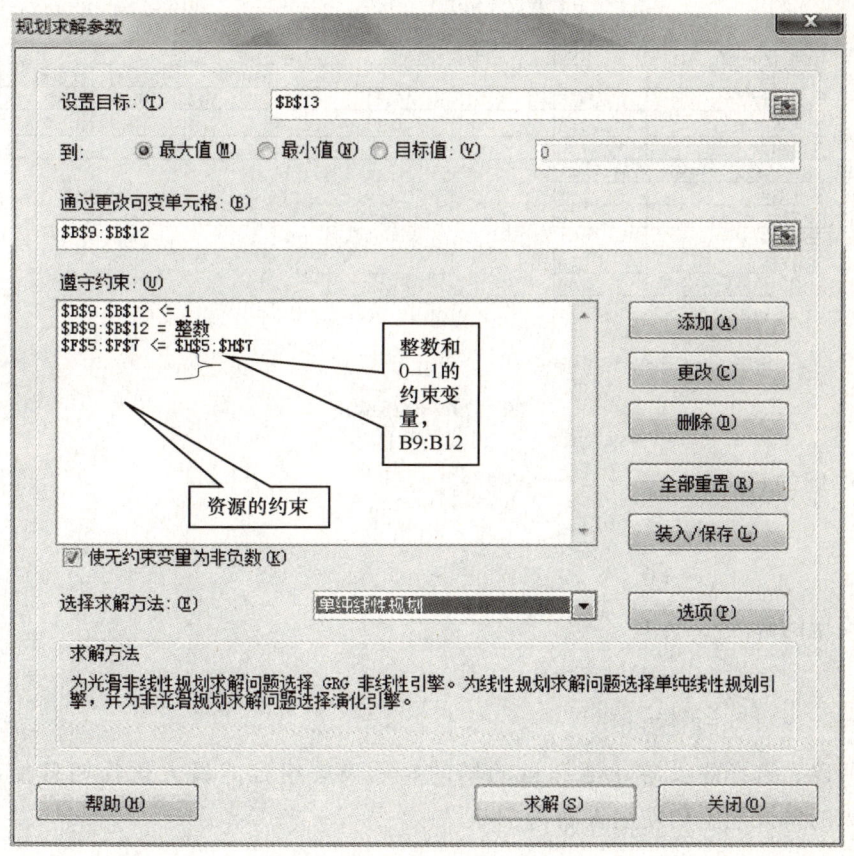

图 4-27 "规划求解参数"窗口

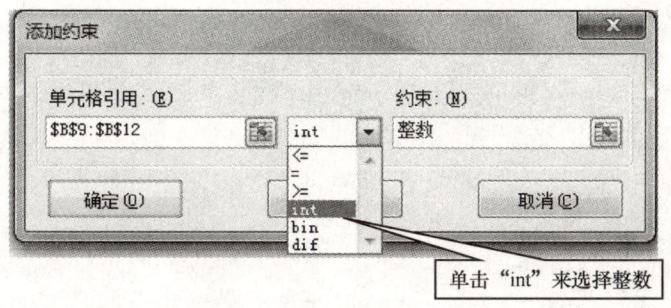

图 4-28 添加整数约束条件

	A	B	C	D	E	F	G	H
1			1. 数据输入区					
2	娱乐设施	游泳池	网球场	运动场	健身房			
3	预期使用/(人/天)	300	90	400	150	资源		
4	资源约束					使用量	约束条件	提供量
5	成本/万元	24.5	7	17.5	63	42	≤	84
6	土地需求/km²	1.6	0.8	2.8	1.2	4.4	≤	4.8
7	互斥约束						≤	1
8	2. 输出区——娱乐设施选择							
9	游泳池=	1						
10	网球场=	0						
11	运动场=	1						
12	健身房=	0						
13	总的预期日使用量	700						
14								
15								
16								

图 4-29　结果输出

5. 解的解析

模型的解为 $\begin{cases} x_1 = 1 \\ x_2 = 0 \\ x_3 = 1 \\ x_4 = 0 \\ Z = 700 \end{cases}$

所以，选择建设游泳池和运动场的娱乐设施组合能最大化预期日使用量，且最大的每天期望的使用人数为 700。

第5章 仿真与模拟模型

现实世界中有些问题的情形很复杂,以至于我们无法运用数学公式与模型精确地计算求解。在这种情况下,仿真就是另一种分析问题的形式。

相似仿真是许多人所熟悉的一种仿真形式。它是一种使用相似的物理系统来代替原始的物理系统,以简化对原始系统的试验和操纵的方法。在航天领域,人们通过使用物理仿真重新创造太空的条件,做了很多试验。例如,用装满水的空间模拟失重的情形。

本章介绍有关仿真与模拟的一种类型——计算机化数学仿真。在这种仿真形式中,用数学模型复制现实系统,进而使用计算机进行分析。这种仿真的形式已经越来越流行,而且已经被广泛应用到多种商业问题中。我们从一个最简单的仿真模型——包含蒙特卡罗进程的随机变量仿真开始进行介绍。

5.1 蒙特卡罗进程(Monte Carlo Simulation Methods)

蒙特卡罗方法,也称 MC 方法、统计模拟方法,或称计算机随机模拟方法,最早是由 Von. Neuman 等数学家提出来的,用来分析一些科学现象。它是一种以概率统计理论为指导的一类非常重要的数值计算方法,是指使用随机数(或更常见的伪随机数)来解决计算问题的一种方法。蒙特卡罗方法的基本思想是:为了求解数学、物理或工程技术等方面的问题,首先建立一个概率模型或随机过程,使其某个参数等于问题的解,然后通过对模型或过程的观察或抽样试验来计算所求参数的统计特征,最后给出所求解的近似值。

在第二次世界大战期间,参与"曼哈顿计划"的几位美国科学家 Stanislaw Ulam, John Von Neumann 和 N. Metropolis 等首先将这种方法用于解决原子弹研制中的一个关键问题。后来 N. Metropolis 用闻名世界的赌城——摩纳哥的 Monte Carlo 来命名这种方法,更为它蒙上了一层神秘色彩。随着现代计算机技术的飞速发展,蒙特卡罗方法已经在统计物理、经济学、社会学甚至气象学等方面的科学研究中发挥了极其重要的作用,将蒙特卡罗方法用于仿真即为蒙特卡罗仿真。蒙特卡罗方法适用于两类问题:第一类是本身就具有随机性的问题;第二类是能够转化为概率模型进行求解的确定性问题。

蒙特卡罗这个术语近年来已经成为概率仿真的同义词了。然而,蒙特卡罗方法可以更准确地被定义为在仿真的一次试验(计算机)运算里从一个概率分布中随机选取数字的方法(也就是"取样")。所以,蒙特卡罗方法不是仿真模型的一种类型,而是在仿真时使用的一种数学进程。

取名蒙特卡罗是因为蒙特卡罗进程的基本原则和摩纳哥的一种赌博游戏规则一样。在摩纳哥,使用转盘、骰子和纸牌等设备进行赌博,这些设备从明确定义的群体中随机产生有限的结果。例如,7 是通过掷骰子从 11 个可能的数值群体(也就是 2~12)中得到的一个随机值。大体上,仿真模型里使用的蒙特卡罗进程也用到了同样的方法。

我们将在如下例子中示范根据一个概率分布选取随机数的蒙特卡罗进程。

【例 5-1】 计算机世界是一家销售计算机和相关设备的公司。经理打算确定公司每周应该订购的笔记本电脑数量。这个决策主要考虑的是公司每周平均销售的笔记本电脑数量和销售笔记本电脑平均每周获得的收益。一台笔记本电脑售价 5300 元,其每周的需求量是一个取值范围为 0~4 的随机变量(我们定义为 x)。从过去的销售记录来看,经理确定了笔记本电脑过去 100 周内的需求频率。根据这个需求频率,我们可以得到需求的一个概率分布,如表 5-1 所示。

表 5-1 笔记本电脑的需求概率分布

笔记本电脑每周的需求/台	需求的频率	需求的概率 $P(x)$
0	20	0.20
1	40	0.40
2	20	0.20
3	10	0.10
4	10	0.10
合计	100	1.00

蒙特卡罗进程的目的就是从概率分布 $P(x)$ 中取样,产生随机变量,在这个问题中也就是需求量。每周的需求量可以根据概率分布通过旋转转盘随机地产生,这个转盘按照概率相应地被分割成几个部分,如图 5-1 所示。

根据每周需求量的概率,对转盘的表面积进行了划分,如果需求值由随机的方式获得,那么转盘上的指针就是对需求概率分布的复制。经理通过旋转转盘模拟第 1 周的需求；转盘停止转动后，指针所指向的区域表明的就是第 1 周的需求。一段时间之后（也就是多次旋转转盘），需求值出现的频率将接近概率分布 $P(x)$。这种通过特定概率分布—转盘—随机取样，继而产生变量 x 的值的方法就是蒙特卡罗进程。

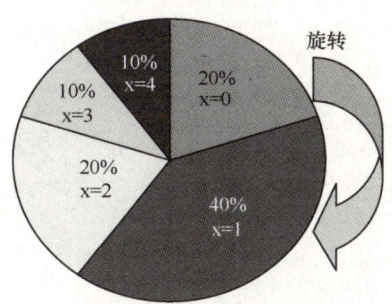

图 5-1　表示需求的转盘

通过旋转转盘，经理人工推测了笔记本电脑一周的采购量。在这个推测过程中，一段长期的实际时间（也就是很多周）由一段短期的仿真时间进行模拟。

现在我们模仿图 5-2 现实中的 Casino 轮盘，将图 5-1 稍稍改动一下，除了根据需求量的概率对转盘进行了划分，我们将在一个真正的转盘的边缘标上数字。改造后的转盘如图 5-3 所示。

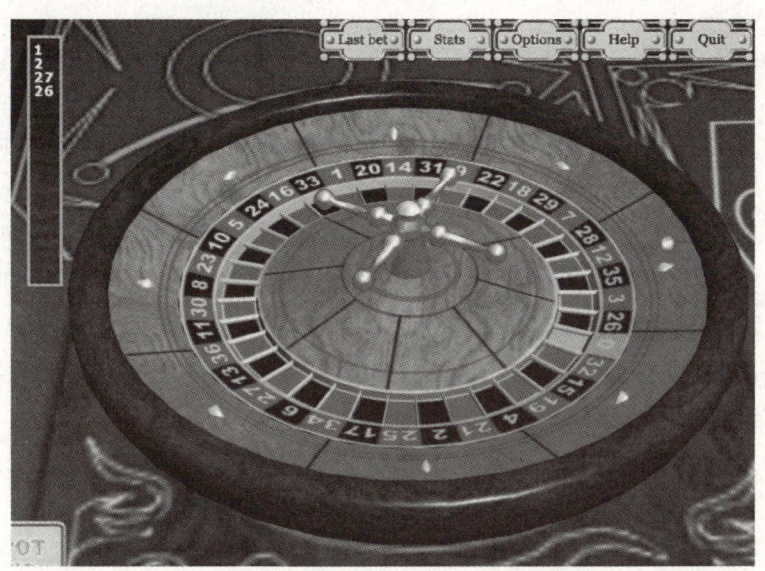

图 5-2　现实中的 Casino 轮盘

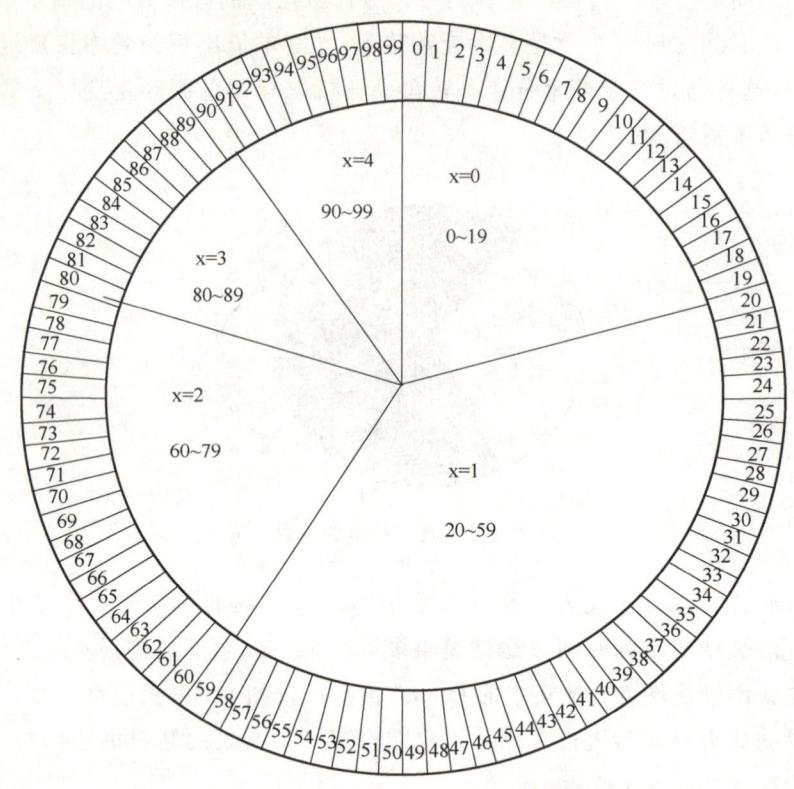

图 5-3 标上数字的转盘

在转盘的边缘有 0~99 这 100 个数字,并且根据每个需求值的概率把这些数字进行了划分。例如,从 0~19 这 20 个数字(也就是 100 个数字中的 20%)对应需求为 0 台笔记本电脑的情况。现在通过观察旋转停止时指针所指向的数字,或者看指针所指向的划分区域,我们可以确定需求值。

当经理旋转这个新的转盘,将通过数字确定笔记本电脑的真实需求。例如,如果指针指向 88,那么需求就是 3 台笔记本电脑;如果指针指向 22,那么需求就是 1 台笔记本电脑。因为经理不知道指针将停在转盘上的什么位置,所以这 100 个数字中的每一个数字的出现机会相同,并且每一个数字的出现都是随机的,也就是说它们是随机数。

下面,我们将代表每一个需求值的随机数范围从转盘转化到表格,如表 5-2 所示。

接下来,我们将从表 5-3 中选取随机数,以代替通过旋转转盘获得随机数(这些随机数是由计算机产生的,所以都是等可能出现的,就像我们旋转转盘一样)。例如,我们选取表 5-3 中记录的第 1 个数字 22。再看表 5-2,我们可以观察到数字 22 落在 20～59 这个范围之内,它对应的周需求量是 1 台笔记本电脑。

表 5-2 从随机数产生需求值

需求 x	随机数的范围 r
0	0～19
1	←——— 20～59 ———→ $r = 22$
2	60～79
3	80～89
4	90～99

表 5-3 随机数表

22	39	53	14	93	20	24	67	19	24	64	17	60	18	61	07	17	66	82	76
91	36	55	36	39	67	85	10	83	38	55	79	63	32	56	79	08	27	06	58
01	22	18	90	23	09	53	34	43	23	31	01	48	63	31	77	67	27	55	34
03	36	95	49	04	24	65	22	07	32	35	79	72	05	45	44	46	28	32	80
72	83	28	88	90	97	38	53	39	23	08	22	90	48	32	19	65	77	12	72
22	66	45	57	83	53	38	27	01	83	02	55	07	67	49	36	58	47	38	77
36	36	30	38	79	06	91	38	33	63	18	91	01	14	10	93	48	46	79	18
77	34	11	42	14	91	61	66	07	69	17	41	09	47	48	01	75	14	95	41	29
58	50	94	64	05	10	43	71	46	68	40	25	79	91	46	07	30	78	23	30

从表 5-3 中选取随机数,并重复选取的过程(即从表 5-3 的任意一个地方开始并且朝着任意的方向移动,但是不要重复同样的次序),然后根据随机数确定周需求量,我们可以模拟一段时期的需求。例如,从表 5-3 第 1 个数开始选取随机数 r,向右连续取 15 个随机数,得到表 5-4 随机产生的连续 15 周的需求。

表 5-4 随机产生的连续 15 周的需求

周	随机数 (r)	需求 (x)	收入/元
1	22	1	5300
2	39	1	5300
3	53	1	5300
4	14	0	0
5	93	4	21200

(续)

周	随机数（r）	需求（x）	收入/元
6	20	1	5300
7	24	1	5300
8	67	2	10600
9	19	0	0
10	24	1	5300
11	64	2	10600
12	17	0	0
13	60	2	10600
14	18	0	0
15	61	2	10600
合计		18	95400

根据表 5-4，经理可以计算出估计的平均每周需求量和平均每周收入：

估计平均每周需求量 = (18 ÷ 15) 台 = 1.2 台

估计平均每周收入 = 95400 元 ÷ 15 = 6360 元

这些信息可以帮助经理确定每周笔记本电脑的订购量。

尽管这个例子便于阐明仿真是如何发挥作用的，但是通过公式解析计算期望值可能会更接近平均需求量，即通过计算概率分布 $P(x)$ 得到期望值或平均需求量

$$E(x) = \sum_{i=1}^{n} P(x_i) x_i$$

式中 x_i——需求量；

$P(x_i)$——需求的概率；

n——不同需求值对应的数字。

从而

$E(x) = (0.2 \times 0 + 0.4 \times 1 + 0.2 \times 2 + 0.1 \times 3 + 0.1 \times 4)$ 台 = 1.5 台

每周 1.5 台笔记本电脑，这个分析结果接近仿真结果每周 1.2 台笔记本电脑，但是还是存在明显差别。仿真值和分析值之间存在的差异（0.3 台笔记本电脑）是仿真所进行的周期数量的结果。仿真进行的周期越多，得到的结果就越正确。

我们人工演示计算机世界公司的这个例子的仿真也不是太难。但是要完成

仿真1000次，将要花费几个小时。而如果在计算机上完成仿真，只需要几秒钟的时间即可。下面的章节会介绍用计算机如何实现仿真。

【例5-2】 已知条件见【例5-1】，表5-1是过去100周笔记本电脑的需求概率分布数据。要求通过蒙特卡罗模拟未来100周计算机世界公司的周需求量。

按照图5-4所示，单元格A1：E7为输入区。在单元格B3：B7内输入公式，计算累计概率。在输入区的其他单元格内输入相应的已知数据。

在单元格B10：B109内输入1~100周（窗口在15行处被冻结，滚动鼠标，在屏幕上显示前六周和后五周的结果）；在单元格B10：B109内输入公式"=RANDBETWEEN（0，99）"，利用Excel函数RANDBETWEEN（）随机产生0~99之间的随机数；在单元格C10内输入公式"=VLOOKUP（B10，$D$3：$E$7，2）"，并将公式复制到单元格C11：C109，这个公式可以将B列内的随机数与单元格$D$3：$D$7进行对比，然后从单元格$E$3：$E$7中选取正确的需求值；在单元格D10内输入公式"=C10*5300"，然后复制到单元格D11：D109，计算每周的收入；在单元格C110、D110内分别计算100周需求量总计、收入总计；在单元格C111、D111内分别计算每周平均需求量和平均收入。

	A	B	C	D	E
1			1. 输入区——过去100周笔记本电脑的需求概率分布			
2	概率	累计概率	随机数范围	对应随机数	需求量
3	0.2	=A3	0~19	0	0
4	0.4	=B3+A4	20~59	20	1
5	0.2	=B4+A5	60~79	60	2
6	0.1	=B5+A6	80~89	80	3
7	0.1	=B6+A7	90~99	90	4
8			2. 模拟区——利用蒙特卡罗模拟未来100周需求量			
9	周	随机数（r）	需求量（x）	收入	
10	1	=RANDBETWEEN(0, 99)	=VLOOKUP(B10, $D$3:$E$7, 2)	=C10*5300	
11	2	=RANDBETWEEN(0, 99)	=VLOOKUP(B11, $D$3:$E$7, 2)	=C11*5300	
12	3	=RANDBETWEEN(0, 99)	=VLOOKUP(B12, $D$3:$E$7, 2)	=C12*5300	
13	4	=RANDBETWEEN(0, 99)	=VLOOKUP(B13, $D$3:$E$7, 2)	=C13*5300	
14	5	=RANDBETWEEN(0, 99)	=VLOOKUP(B14, $D$3:$E$7, 2)	=C14*5300	
15	6	=RANDBETWEEN(0, 99)	=VLOOKUP(B15, $D$3:$E$7, 2)	=C15*5300	
105	96	=RANDBETWEEN(0, 99)	=VLOOKUP(B105, $D$3:$E$7, 2)	=C105*5300	
106	97	=RANDBETWEEN(0, 99)	=VLOOKUP(B106, $D$3:$E$7, 2)	=C106*5300	
107	98	=RANDBETWEEN(0, 99)	=VLOOKUP(B107, $D$3:$E$7, 2)	=C107*5300	
108	99	=RANDBETWEEN(0, 99)	=VLOOKUP(B108, $D$3:$E$7, 2)	=C108*5300	
109	100	=RANDBETWEEN(0, 99)	=VLOOKUP(B109, $D$3:$E$7, 2)	=C109*5300	
110		总计	=SUM(C10:C109)	=SUM(D10:D109)	
111		平均值	=C110/100	=D110/100	

图5-4 模拟计算过程

从图5-5的仿真模拟计算结果中可知：笔记本电脑平均每周的需求量接近1.48台，平均每周的收入是7844元。然而，经理不能每周订购1.48台笔记本电脑。因为无法订购0.48台笔记本电脑——要么订购1台，要么订购2台。那么，计算机世界的经理将如何决策呢？我们可以通过对100次模拟结果进行统计分析，如描述统计、画频率分布图等方法来为经理的最终决策提供依据。

	A	B	C	D	E
1	1. 输入区——过去100周笔记本电脑的需求概率分布				
2	概率	累计概率	随机数范围	对应随机数	需求量
3	0.2	0.2	0~19	0	0
4	0.4	0.6	20~59	20	1
5	0.2	0.8	60~79	60	2
6	0.1	0.9	80~89	80	3
7	0.1	1	90~99	90	4
8	2. 模拟区——利用蒙特卡罗模拟未来100周需求量				
9	周	随机数（r）	需求量（x）	收入	
10	1	26	1	5300	
11	2	71	2	10600	
12	3	29	1	5300	
13	4	65	2	10600	
14	5	77	2	10600	
15	6	86	3	15900	
105	96	91	4	21200	
106	97	89	3	15900	
107	98	88	3	15900	
108	99	59	1	5300	
109	100	23	1	5300	
110	总计		148	784400	
111	平均值		1.48	7844	

图 5-5　计算机模拟100周的结果

5.2　模拟次数的选择和模拟结果的统计分析

5.2.1　确定模拟的重复次数

在上述例子中，是模拟15周还是模拟100周合适呢？即如何确定模拟的重复次数？蒙特卡罗模拟的结果只是来自可能结果的无限总体的一个样本，例如，前面手工模拟15周笔记本电脑需求量（以下称为样本1）和计算机模拟100周笔记本电脑需求量（以下称为样本2）。样本1的均值为（即平均每周电脑需求量）1.2台，样本2的均值为1.48台。如表5-5所示。

表 5-5　仿真模拟值与分析值

平均每周需求量	仿真模拟值/台	分析值/台
样本1（15周）	1.2	1.5
样本2（100周）	1.48	

从表 5-5 可以看出：首先，仿真模拟值与分析值之间存在差异；其次，随着仿真模拟发生次数增多（也就是，试验的数量，如 15 周增加到 100 周），仿真模拟得到的结果就越正确。假如模拟了 1000 周的需求，仿真结果的平均值严格等于分析结果（每周 1.5 台笔记本电脑）的可能性会更大。

在不需要回答置信区间和可信度这类问题的情况下，通常也没有必要精确计算，也没有规定应该进行多少次试验。最简单的做法是试验次数多一点，通常选择 1000 次的试验（如在计算机世界公司的例子中，就可以选择 1000 周的试验），生成一个统计上可称之为大样本的试验结果，可以满足许多统计假设和推论。

如果必须回答置信区间和可信度这类问题时，就需要统计学的支持，如中心极限定理等。有关这方面的具体内容请参考统计学。

5.2.2 模拟结果的统计分析

由于模拟结果是随机变量，有若干不同的统计量被用于描述模拟的结果。其中最重要的两个特征值是数学期望（均值）与方差。其他统计量还有中位数、众数、变异系数、偏度、峰度、分位数、极差等。模拟结果的每一个统计量都从一个侧面刻画了分布的一个特征。

【例 5-3】 以【例 5-2】中 100 周的模拟结果为例，进行统计分析。

从 Excel 中选择"数据"→"数据分析"→"描述统计"，弹出如图 5-6 所

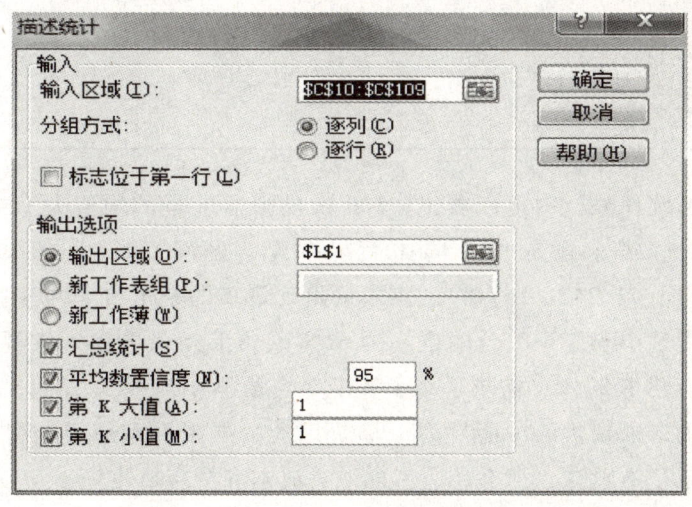

图 5-6 计算机模拟 100 周结果的统计分析

示的描述统计窗口，在输入区域和输出区域按照计算机模拟 100 周结果的统计分析进行填写，单击"确定"，就得到表 5-6 计算机 100 次模拟需求量的描述统计。在单元格 G1：J13 内输入如图 5-7 所示的公式等，就可以得到如图 5-8 所示的计算机模拟 100 周结果的频数分布统计表，利用 Excel 图表向导可以绘制频数分布图。

表 5-6 100 次模拟需求量的描述统计

统　计　量	值
平均	1.48
标准误差	0.120168232
中位数	1
众数	1
标准差	1.201682322
方差	1.444040404
峰度	−0.257708987
偏度	0.742937071
区域	4
最小值	0
最大值	4
求和	148
观测数	100
最大（1）	4
最小（1）	0
置信度（95%）	0.238439837

从以上的统计分析中可以看出，100 次模拟需求量的均值为 1.48 台，标准差为 1.202 台，需求量有 95% 的比例落在置信区间 (1.48 − 0.238, 1.48 + 0.238) 内，即 (1.242, 1.718)。需求量出现最多的是 1 台，共有 41 周的需求为 1 台。需求量小于等于 1 台的概率为 61%，如果经理选择订货量 1 台，则未来缺货的可能性为 39%；需求量小于等于 2 台的概率为 81%，如果经理选择订货量 2 台，则未来缺货的可能性为 19%。因此，如果经理想要获得最大的收益来选择定购笔记本数量，那么还应考虑缺货成本和持有成本等。

	F	G	H	I	J
1			3. 统计分析区		
2		100次模拟需求量的均值 /台		=AVERAGE(C10:C109)	
3		100次模拟需求量的标准差 /台		=ROUND(STDEV(C10:C109),3)	
4		100次模拟需求量的最大值 /台		=MAX(C10:C109)	
5		100次模拟需求量的最大值 /台		=MIN(C10:C109)	
6			4. 图形区——频数分布统计表		
7		需求量	频次	频率	累计
8		0	=FREQUENCY(C10:C109,G8:G12)	=H8/$H$13	=I8
9		1	=FREQUENCY(C10:C109,G8:G12)	=H9/$H$13	=J8+I9
10		2	=FREQUENCY(C10:C109,G8:G12)	=H10/$H$13	=J9+I10
11		3	=FREQUENCY(C10:C109,G8:G12)	=H11/$H$13	=J10+I11
12		4	=FREQUENCY(C10:C109,G8:G12)	=H12/$H$13	=J11+I12
13		合计	=SUM(H8:H12)		

图 5-7 计算机模拟 100 周结果的频数分布统计表公式

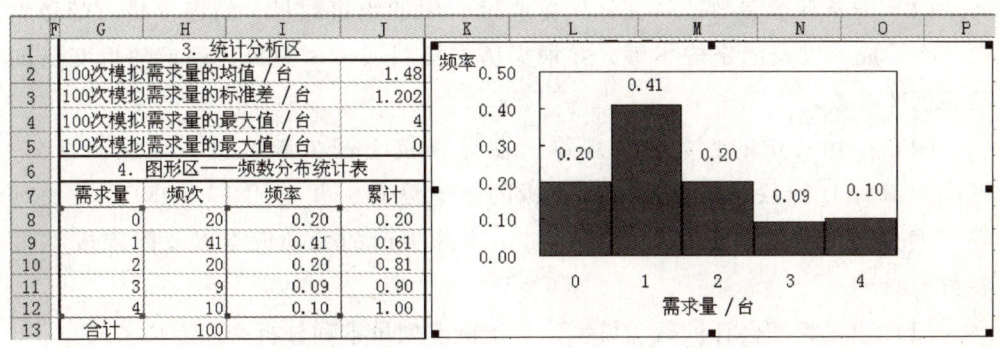

图 5-8 计算机模拟 100 周结果的频数分布统计表和频数分布图

5.3 蒙特卡罗模拟原理、步骤及案例

1. 蒙特卡罗模拟原理

经济生活中存在大量的不确定与风险型问题，很多确定性问题实际上是不确定与风险型问题的特例与简化，财务管理、管理会计中同样也存在大量的不确定与风险型问题。利用蒙特卡罗模拟可以揭示不确定与风险型问题的统计规律，还原经济与管理的真实面貌。

与常用的确定性的数值计算方法不同，蒙特卡罗模拟是用来解决工程和经济中的非确定性问题的。通过成千上万次的模拟，涵盖相应的可能概率分布空间,从而获得一定概率下的不同数据和频度分布,通过对大量样本值的统计分析,得到满足一定精度的结果,因此蒙特卡罗模拟是解决不确定与风险型问题的有力武器:

(1) 由于蒙特卡罗模拟是以实验为基础的,因此可以成为财务人员进行风险分析的实验库,获得大量有关财务风险等方面的信息,弥补确定型分析手段的不足,避免对不确定与风险决策问题的误导。

(2) 财务管理、管理会计中存在大量的不确定与风险型问题,目前大多数教材对这类问题涉及较少,通过蒙特卡罗模拟,可以对其进行有效分析,解决常用决策方法所无法解决的难题,从而更加全面深入地分析不确定与风险型问题。

2. 蒙特卡罗模拟步骤

以概率型量本利分析为例,蒙特卡罗模拟的分析步骤如下:

(1) 分析评价参数的特征,如企业经营中的销售数量、销售价格、产品生产的变动成本以及固定成本等,并根据历史资料或专家意见,确定随机变量的某些统计参数。

(2) 按照一定的参数分布规律,在计算机上产生随机数,如利用 Excel 提供的 RAND 函数,模拟量本利分析的概率分布,并利用 VLOOKUP 寻找对应概率分布下的销售数量、销售价格、产品生产的变动成本以及固定成本等参数。

(3) 建立管理会计的数学模型,对于概率型量本利分析有如下关系式:

产品利润 = 产品销售数量 × (产品单位销售价格 − 单位变动成本) − 固定成本

这里需要说明的是以上分析参数不是确定型的,是依据某些概率分布存在的。

(4) 通过足够数量的计算机仿真,如利用 RAND、VLOOKUP 等函数进行 100 次的模拟,得到 100 组不同概率分布的各参数的排列与组合。由于模拟的数量比较大,所取得的实验数据将具有一定的规律性。

(5) 根据计算机仿真的参数样本值,利用函数 MAX、MIN、AVERAGE 等,求出概率型量本利分析评价需要的指标值,通过对大量的评价指标值的样本分析,得到量本利分析中的利润点可能的概率分布,从而掌握企业经营与财务中的风险,为财务决策提供重要的参考。

3. 在 Excel 电子表格中仿真模拟

根据上面所介绍的概率型量本利的仿真模拟步骤,可以在 Excel 中对企业量本利进行仿真模拟。

【例 5-4】 某企业生产 A 产品的销售量、单价、单位变动成本及固定成本均为非确定性因素,在未来可能达到的水平及有关的概率情况如图 5-9 所示。则利用蒙特卡罗模拟在 Excel 上进行动态模拟的方法和步骤如下:

(1) 首先根据图 5-9 各参数的累计概率确定随机数范围及对应的随机数,以便于在 Excel 上进行模拟计算。

	A	B	C	D	E	F	G	H	I	J
1			销售量					单价		
2	概率	累计概率	随机数范围	对应的随机数	可能值	概率	累计概率	随机数范围	对应的随机数	可能值
3	0.08	0.08	0~7	0	40000	0.11	0.11	0~10		18
4	0.09	0.17	8~16	8	50000	0.18	0.29	11~28	11	19
5	0.16	0.33	17~32	17	64000	0.24	0.53	29~52	29	22
6	0.28	0.61	33~60	33	77000	0.21	0.74	53~73	53	23
7	0.19	0.80	61~79	61	80000	0.15	0.89	74~88	74	25
8	0.12	0.92	80~91	80	90000	0.09	0.98	89~97	89	27
9	0.08	1.00	92~99	92	95000	0.02	1.00	98~99	98	29
10			单位变动成本					固定成本		
11	概率	累计概率	随机数范围	对应的随机数	可能值	概率	累计概率	随机数范围	对应的随机数	可能值
12	0.14	0.14	0~13	0	10	0.33	0.33	0~32	0	195000
13	0.22	0.36	14~35	14	11	0.25	0.58	33~57	33	210000
14	0.26	0.62	36~61	36	12	0.23	0.81	58~80	58	230000
15	0.17	0.79	62~78	62	13	0.14	0.95	81~94	81	240000
16	0.11	0.90	79~89	79	14	0.05	1.00	95~99	95	255000
17	0.07	0.97	90~96	90	15					
18	0.03	1.00	97~99	97	16					
19	目标利润	100000								

图 5-9 产品的有关资料

(2) 在"随机数"工作表中产生随机数并让这些随机数停止变化。如图 5-10 所示,在单元格 A4:D5003 中输入随机数公式"RANDBETWEEN(0,99)",产生 0~99 的随机数,并通过"复制"和"选择性粘贴"将这些生成的随机数冻结在单元格 F4:I5003 中。

(3) 将图 5-10 中 F4:F5003、G4:G5003、H4:H5003 和 I4:I5003 分别复制并粘贴到"风险型量本利分析"工作表的 A26:A5025、C26:A5025、E26:A5025 和 G26:A5025 中,如图 5-11 所示。

(4) 利用 VLOOKUP 函数寻找符合随机数的销售量、单价、单位变动成本和固定成本，其公式分别为：单元格 B26："= VLOOKUP（A26，$D $3：$E $9，2）"；单元格 D26："= VLOOKUP（C26，$I $3：$J $9，2）"；单元格 F26："= VLOOKUP（E26，$D $12：$E $18，2）"；单元格 H26："= VLOOKUP（G26，$I $12：$J $16，2）"，结果如图 5-11 所示。

	A	B	C	D	E	F	G	H	I
1		随机数生成区			复制Excel电子表格中产生随机数的单元格让这些随机数停止变化。例如：复制A4:D5003单元格中的随机数，让它们停止变化。		冻结变化的随机数		
2	销售量模拟	单价模拟	单位变动成本模拟	固定成本模拟		销售量模拟	单价模拟	单位变动成本模拟	固定成本模拟
3	随机数	随机数	随机数	随机数		随机数	随机数	随机数	随机数
4	50	84	88	18		50	84	88	18
5	26	49	92	11		26	49	92	11
6	70	60	59	14		70	60	59	14
7	9	1	90	66	用指针选定A4:D5003，单击鼠标右键选择复制，然后单击【编辑】菜单，在下拉菜单中选择【选择性粘贴】。接下来，选择【数值】选项，然后单击【确认】。	9	1	90	66
8	13	63	38	95		13	63	38	95
9	31	76	23	25		31	76	23	25
10	14	72	12	50		14	72	12	50
11	95	9	20	64		95	9	20	64
12	72	29	19	91		72	29	19	91
13	72	97	66	38		72	97	66	38
14	40	52	17	42		40	52	17	42
4997	1	62	48	40		1	62	48	40
4998	72	53	23	26		72	53	23	26
4999	28	36	46	47		28	36	46	47
5000	31	78	67	81		31	78	67	81
5001	57	20	15	40		57	20	15	40
5002	89	94	51	90		89	94	51	90
5003	41	81	15	68		41	81	15	68

图 5-10　随机数

	A	B	C	D	E	F	G	H	I	J	K
23					模拟计算过程						
24	销售量模拟		单价模拟		单位变动成本		固定成本模拟				
25	随机数	销售量	随机数	单价	随机数	单位变动成本	随机数	固定成本	利润	保本量	保利量
26	50	77000	84	25	88	14	18	195000	652000	17727	26818
27	26	64000	49	22	92	15	11	195000	253000	27857	42143
28	70	80000	60	23	59	12	14	195000	685000	17727	26818
29	9	50000	1	18	90	15	66	230000	-80000	76667	110000
5020	72	80000	53	23	23	11	26	195000	765000	16250	24583
5021	28	64000	36	22	46	12	47	210000	430000	21000	31000
5022	31	64000	78	25	67	13	81	240000	528000	20000	28333
5023	57	77000	20	19	15	11	40	210000	406000	26250	38750
5024	89	90000	94	27	51	12	90	240000	1110000	16000	22667
5025	41	77000	81	25	15	11	68	230000	848000	16429	23571

图 5-11　模拟计算过程

（5）在单元格 N3：R9 中存放模拟计算结果，如图 5-12 所示。

	L	M	N	O	P	Q	R
1			模拟计算结果				
2			期望值	标准差	最小值	最大值	变异系数
3		利润	516066	290518	-150000	1610000	0.563
4		保本量	24607	11432	10263	120000	0.465
5		保利量	35990	16517	15526	170000	0.459
6		销售量	72764	15510	40000	95000	0.213
7		单价	22	3	18	29	0.129
8		单位变动成本	12	2	10	16	0.128
9		固定成本	216108	18874	195000	255000	0.087
10		利润为负的概率	0.0142				

图 5-12　模拟计算结果

5.4　Excel 对离散概率分布的进一步仿真模拟

在 5.2 节我们介绍了对企业的量本利进行仿真模拟的方法步骤，本节将通过仿真模型的一般步骤继续介绍仿真模拟案例。

（1）产生随机数 r。在 Excel 中，函数 RAND()可以返回大于等于 0 及小于 1 的均匀分布随机数，每次计算工作表时都将返回一个新的数值。函数 RANDBETWEEN（最小值，最大值）返回位于两个指定数（大于等于'最小值'及小于等于'最大值'）之间的一个随机数。

（2）输入随机变量的概率分布，并计算累积概率值。

（3）为每个随机数产生对应的随机变量值。

从概率分布中产生样本，最基本的是随机数概念。随机数（Random Number）被定义为均匀分布在 0~1 之间的一个数。从技术上来说，计算机并不能产生一个真正的随机数，因为它们必须使用一个可预测的计算法则，但是这个计算法则是用来产生一系列看似随机的数值。

在 Excel 中，可以用 RAND () 函数在任意单元格中产生随机数。对这个函数没有什么要求，括号中不必添加任何值。Excel 中还提供了一个函数，可以返回位于两个指定数（大于等于最小值及小于等于最大值）之间的一个随机数——RANDBETWEEN（最小值，最大值）。

使用随机数从离散概率分布中抽样非常简单。如以表 5-2 为例，我所需要做的就是选择一个随机数（$r=22$），确定落入的区间（22~59），找到对应的需求

量 x 值，这样我们就得到了第一个样本 $x=1$（即随机变量）。

Excel 也有一些其他的函数可以产生随机变量，最常用的有：

NORMINV（probability，mean，standard_deviation）——正态分布

NORMSINV（probability）——标准正态分布

LOGINV（probability，mean，standard_deviation）——对数正态分布

BETAINV（probability，alpha，beta，A，B）——β 分布

GAMMAINV（probability，alpha，beta）——γ 分布

为使这些分布产生随机变量，在函数中概率（probability）的地方替换为 RAND（）即可。例如，NORMINV（RAND（），6，3）会得到从均值为 6，标准差为 3 的正态分布中所产生的随机变量。这些函数嵌入在单元格的公式中且在工作表中重新计算时产生一个新的值。每一次工作表的重新计算，如按 F9 键得到一个新的随机数，一个新的随机变量便产生了。

【例 5-5】 假设目标变量 A 有 100 个模拟输出结果存放在区域 dataA 中，目标变量 B 有 100 个模拟输出结果存放在区域 dataB 中。变量 A 用均值为 70 的正态分布来模拟输出，变量 B 用 50~90 的均匀分布来模拟输出。请计算两个目标变量 A 和 B 模拟结果的基本统计量。

描述分析：

变量 A：100 个模拟结果 = INT(NORMINV(RAND(),70,SQRT(70)))，其结果如图 5-13 所示。

75	69	68	67	63	70	73	70	60	73
70	80	70	68	66	82	69	70	77	80
76	69	62	70	75	66	70	71	58	77
58	63	74	58	78	83	56	56	76	55
57	71	60	73	72	64	76	81	70	71
75	74	69	74	66	57	62	61	77	70
86	78	76	66	84	56	59	60	69	72
58	67	72	69	65	53	62	71	64	93
63	70	68	66	71	66	74	68	70	68
80	63	65	60	75	55	78	81	77	68

图 5-13　结果（A）

变量 B：100 个模拟结果 = INT(50 + 40 * RAND())，其结果如图 5-14 所示。

从表 5-7 可以看出，变量 A 和变量 B 的均值、标准差等统计量，根据这些模

拟结果我们还需预测实际均值,才能达到我们进行模拟的目的。

```
70  68  64  60  53  67  60  64  67  79
57  52  74  56  52  71  69  62  63  67
60  68  54  80  64  54  75  86  74  50
89  76  87  74  70  50  52  73  64  71
74  88  60  52  76  73  63  62  68  80
53  85  84  80  76  85  77  69  87  54
55  71  78  89  75  68  53  80  65  70
65  53  62  69  67  58  88  77  69  83
89  86  51  77  81  68  76  68  87  77
70  77  55  73  51  72  70  63  53  66
```

图 5-14 结果（B）

表 5-7 100 次模拟需求量的描述统计

名 称	函 数 名	A 特性值	B 特性值
极值的量度:			
最大值	MAX（）	93	89
最小值	MIN（）	53	50
总个数	COUNT（）	100	100
集中趋势的量度:			
平均值	AVERAGE（）	69.17	68.97
中位数	MEDIAN（）	70.00	69.00
众数	MODE（）	70	68
偏离程度的量度:			
样本方差	VAR（）	60.65	121.46
样本标准差	STDEV（）	7.79	11.02
极差	MAX（）-MIN（）	40	39
变异系数	STDEV（）/AVERAGE（）	11.26%	15.98%
分布对称程度的量度:			
偏斜系数	SKEW（）	0.1505	0.0205
3/4 分位数	QUARTILE（）	74	77

（续）

名称	函数名	A 特性值	B 特性值
分布峰态程度的量度：			
峰态系数	KURT（）	-0.0290	-0.8814
变量之间线性关系的量度：			
相关系数	PEARSON（）	-0.0841	-0.0841

【例 5-6】 在工作表上模拟产生 100 个学生考试成绩，如表 5-8 所示。假设分数是均值为 75 分和标准差为 5 分的正态分布的随机数，如图 5-15 所示，小数点后保留两位，请统计模拟随机数在各分数段的频率分布并绘图显示对应的直方图。

表 5-8　100 个符合条件的随机数

80.24	73.44	78.66	77.33	77.43	71.51	73.41	70.50	75.77	77.50
78.94	77.17	77.54	79.99	79.09	78.61	79.79	74.17	70.73	85.75
68.39	71.90	77.80	78.71	74.64	83.10	74.13	75.04	85.44	65.20
75.99	76.84	73.88	72.27	80.89	78.50	81.80	67.86	77.41	68.92
70.63	73.47	80.47	77.77	78.79	71.04	77.32	69.68	73.18	79.45
84.83	85.03	80.67	83.81	72.23	78.95	76.28	80.51	84.78	77.21
75.94	74.36	81.62	72.74	75.30	79.80	72.47	73.37	73.19	77.26
66.12	79.16	77.37	78.07	72.78	80.34	70.44	74.68	76.34	74.51
80.93	80.47	75.40	66.09	73.15	74.05	68.64	76.37	72.74	80.32
68.86	72.41	76.97	73.17	72.80	76.46	62.00	81.29	69.00	78.56

均值μ	75
标准差σ	5
随机数X	74.49

图 5-15　正态分布特征值

描述分析：

100 个符合要求的随机数 = ROUND(NORMINV(RAND(),C3,C4),2)，其结果如图 5-16 所示。

分段点	频率分布
55	0%
60	0%
65	4%
70	12%
75	36%
80	38%
85	7%
90	3%
95	0
累计	100%

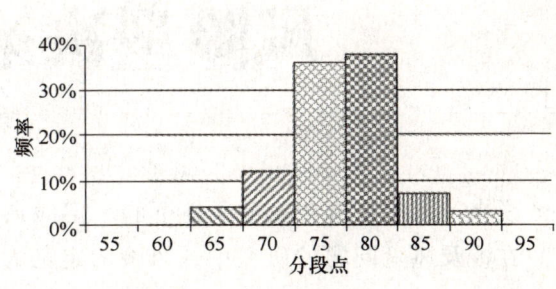

图 5-16 100 个正态分布随机数的频率分布

图 5-15 就是通过正态分布随机数进行的模拟，可以得到我们的随机模拟（74.49）和均值（75）是很接近的。图 5-16 是对应的直方图。

第6章 风险型决策模型

一般说来，风险是指在一定条件下和一定时期内可能发生的各种结果的变动程度。在涉及风险问题的研究中，风险的定义大致可以分为两类：一类定义强调风险的不确定性；另一类定义强调风险损失的不确定性。风险是不确定性中的一种典型，是事物随机变量即事物变化的可能性与结果，它是导致项目遭受损失或失败的可能性。所有的项目都存在一系列的风险，诸如环境风险、经营风险、财务风险等。任何项目的重要风险处理不当，预防不及时，都可能造成难以想象的后果。

决策分为确定情况下的决策和不确定情况下的决策。不确定性决策又分为"风险型决策"和"纯不确定性决策"。"风险型决策"不是指具有风险时做出的决策，而是指能够估计或预测未来事件发生的概率而采用期望效果最好的方案为最优方案的决策，并且选择过程与决策后果具有不确定性。而"纯不确定性决策"是指无法估计或预测未来事件发生的概率时做出的决策。众所周知，不确定性是无处不存在的，而不确定性本身就是一种最难以估量的风险。有风险，就要进行风险型决策。

风险型决策（自然状态不确定，但概率已知）是指决策者对决策对象的自然状态和客观条件比较清楚，也有比较明确的决策目标，但是实现决策目标必须冒一定风险。风险型问题具有决策者期望达到的明确标准，存在两个以上的可供选择方案和决策者无法控制的两种以上的自然状态，并且在不同自然状态下不同方案的损益值可以计算出来。对于未来发生何种自然状态，决策者虽然不能做出确定回答，但能大致估计出其发生的概率值。对这类决策问题，常用损益矩阵分析法和决策树法求解。决策树是处理不确定性决策问题的一种方法。决策树由一系列的节点和分支构成，节点是事件发生的时点，节点包含决策节点和事件节点：当事件是从若干方案中选择时，代表决策节点；当事件是决策者无法控制的结果时，称为事件节点。事件节点用圆圈表示，决策节点用方框表示，如图6-1所示。

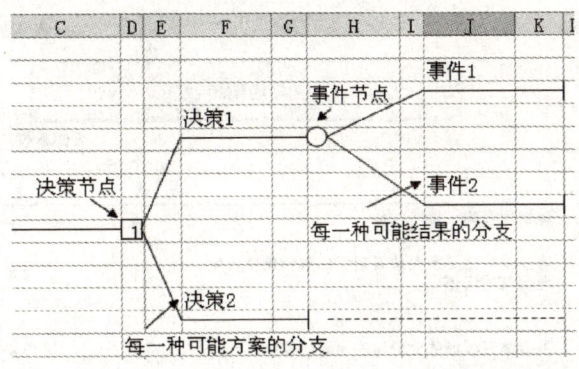

图 6-1　决策树符号

6.1　不确定型决策的案例

不确定型决策是指决策至少包括两个解决问题的备选方案，每个备选方案都是解决问题的一组行动，可以按照一定的决策标准来评估备选方案。决策标准是反映和决策相关的、经常受到备选方案影响的各种重要因素。每一种备选方案下不同的决策标准所给出的价值取决于可能发生的自然状态。决策问题中的自然状态和未来事件相关，决策者不能控制这些未来事件的发生。在决策分析中，我们常使用相对比较少的、间断的、具有代表性的自然状态来概括所有可能发生的未来事件。

【例 6-1】　一家连锁旅店计划在新机场附近新建一家旅馆。面临的决策问题是在哪里购买土地？当前，新机场的两个可能选址附近的土地价格都在上涨，这是因为投资者认为一旦新机场落成，其临近的地产价值就会大幅上涨。图 6-2 列示了现在每一块地的价格、建在最终机场所在位置附近的旅馆所能产生的现金流的现值，以及公司确信把没有临近机场的那块（事先购买的）土地再次出售的现值。

6.1.1　决策方案

连锁旅店面临 4 种备选方案：
（1）在位置 A 买地。
（2）在位置 B 买地。
（3）在位置 A 和位置 B 都买地。

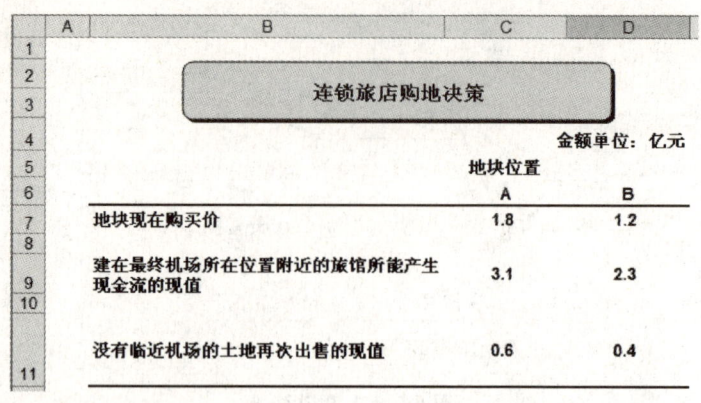

图 6-2 连锁旅店购地决策问题的数据

（4）一块地也不买。

不管该连锁旅店选择哪一个方案，都会有两种自然状态。

6.1.2 自然状态

（1）新机场建在 A 处。

（2）新机场建在 B 处。

图 6-3 给出了该决策问题的收益矩阵：图中的行表示可能的决策方案，列表示可能发生的自然状态，图中的每个值是每种自然状态下决策方案带来的货币价值。

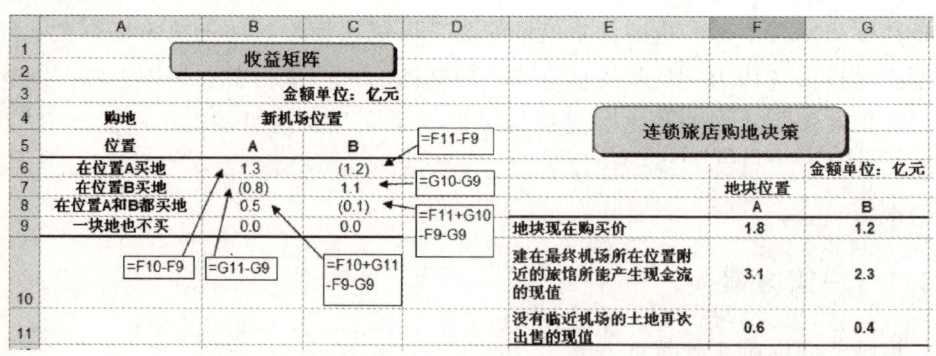

图 6-3 连锁旅店购地决策问题的收益矩阵计算过程

图 6-3 中单元格 B6 的值表示：如果旅店买了位置 A 附近的地，并且机场就

建在 A 处，则旅店期望得到 1.3 亿元的利益（1.3 亿元 = 3.1 亿元 - 1.8 亿元）。单元格 C6 的值表示：如果旅店买了位置 A 附近的地（购买价 1.8 亿元），而机场建在了 B 处，旅店把原来 A 处买的地再以 0.6 亿元的价格卖掉，最终就会导致 1.2 亿元的损失（-1.2 亿元 = 0.6 亿元 - 1.8 亿元）。单元格 B7 的值表示：如果旅店买了位置 B 附近的地（购买价 1.2 亿元），而机场建在了 A 处，旅店把原来 B 处买的地再以 0.4 亿元的价格卖掉，最终就会导致 0.8 亿元的损失（-0.8 亿元 = 0.4 亿元 - 1.2 亿元）。单元格 C7 的值表示：如果旅店买了位置 B 附近的地，并且机场就建在 B 处，则旅店期望得到 1.1 亿元的收益（1.1 亿元 = 2.3 亿元 - 1.2 亿元）。单元格 B8 的值表示：如果旅店在 A、B 两处买了地，而机场建在了位置 A 处，旅店就会获得 0.5 亿元的收益（0.5 亿元 = 3.1 亿元 + 0.4 亿元 - 1.8 亿元 - 1.2 亿元）。单元格 C8 的值表示：如果旅店在 A、B 两处买了地，而机场建在了位置 B 处，旅店就会导致 0.1 亿元损失（-0.1 亿元 = 0.6 亿元 + 2.3 亿元 - 1.8 亿元 - 1.2 亿元）。单元格 B9 和 C9 表示：旅店最后的选择是此时此刻一块土地也不买，这样不管机场建在何处对旅店的影响都是零。

6.1.3　决策原则

如果旅店的负责人确切知道机场准备建在何处，那么选择就很简单了，机场建在哪里就在那里买地即可。问题是，旅店负责人不知道机场会建在何处。面对 4 种备选方案，如何做出决策？有几条决策原则有助于决策者找到最佳决策。但是没有哪条原则适用于所有的情况，每条原则都有缺陷。不过，这些原则有助于强化我们决策时的直觉，增加我们决策时的洞察力，从而帮助我们做出明智的决定。

决策原则可以分为两类：一类是决策中自然状态发生的概率确定（概率方法），如期望价值（Expected Monetary Value，EMV）、预期机会损失（Expected Opportunity Loss，EOL）、完全信息的期望值（Expected Value of Perfect Information，EVPI）；另一类是自然状态发生的概率未知（非概率方法），如最大中最大化决策原则、最小中最大化决策原则、最大遗憾中的最小化原则等。在决策树中最经常使用的是 EMV 决策原则。下面我们结合连锁旅店买地决策的例子来解释 EMV 决策的原则。

EMV 决策的原则是，依据预期支付值及相应的概率计算出各方案的期望价值，并选取最大值者为最优方案。决策问题中备选方案 i 的期望价值（EMV）可以定义为

$$EMV_i = \sum r_{ij}p_j$$

式中 r_{ij}——备选方案 i 在第 j 个自然状态下的收益;

p_j——第 j 个自然状态的概率。

图 6-4 表示连锁旅店购地的 EMV 决策。在此例中,旅店估计机场会有 40% 的可能性建在 A 处,建在 B 处的可能性有 60%。

	A	B	C	D	E	F
1		收益矩阵和EMV决策				
2						
3				金额单位: 亿元	=SUMPRODUCT($B$11:$C$11,B6:C6)	
4	购地	新机场位置				
5	位置	A	B	EMV		
6	在位置A买地	1.30	(1.20)	(0.20)		
7	在位置B买地	(0.80)	1.10	0.34	<--maximum	
8	在位置A和B都买地	0.50	(0.10)	0.14		
9	一块地也不买	0.00	0.00	0.00		
10						
11	概率	0.4	0.6			
12				=IF(D7=MAX($D$6:$D$9),"<--maximum","")		
13						

图 6-4 连锁旅店购地决策问题的 EMV 决策

每种自然状态的概率分别列示在单元格 B11 和单元格 C11 中。用这些概率可以计算出每个备选方案的 EMV 值,列于 D 列。单元格 D6 和 E7 内的公式如图 64 所示,并将单元格 D6 和 E7 的公式分别复制到 D7、D8、D9 和 E6、E8、E9。公司在位置 B 买地的 EMV 值最大,因此按照 EMV 决策原则应该在 B 处购买土地。

那么图 6-4 中 EMV 列中的数值有什么含义呢?例如决定在 B 处购买土地的 EMV 值是 0.34 亿元,这个数字有什么意义?收益矩阵中数字 1.1 亿元表示的是如果旅店买了 B 处的土地并且机场就建在此处,旅店就会得到 1.1 亿元的收益;否则,即旅店买了 B 处的土地而机场建在了 A 处,旅店就会损失 0.8 亿元。因此只要旅店买了 B 处的土地,就不可能出现获得 0.34 亿元收益的情况。不过请设想一下,如果旅店面对的是连续不断的决策(比如每周都要做出上述决策),如果旅店决定在 B 处购买土地,旅店就有 60% 的机会获得 1.1 亿元,40% 的机会导致 0.8 亿元的损失。从长期来看,旅店就会获得一个 0.34 亿元的平均收益。

EMV 给出了在给定备选方案中不断选择同一方案获得的平均收益。因此,当我们不断地面对同一决策问题时,选择最高 EMV 值的备选方案就能获得平均收益。但是,这个决策原则在决策只需进行一次时带来的风险就很大,下面以表 6-1 说明。

表 6-1　一次决策下的 EMV　　　　　　（金额单位:万元）

决　策	自然状态		EMV	
	1	2		
A	15000	−5000	5000	EMV 最大
B	5000	4000	4500	
概率	0.5	0.5		

如果面对上述的决策问题,我们选择了备选方案 A,长期的平均收益就是 5000 万元,这高于备选方案 B 的长期平均收益 4500 万元,因此选择 A 是有利的。但是面对的决策问题就是一次的话,应该怎么办呢?如果选了 A,要么获得 15000 万元的收益,要么损失 5000 万元,机会均等。如果选择了 B,就会得到 5000 万元或者 4000 万元的收益,机会也均等。本例中,方案 A 的风险更大。所以 EMV 原则完全忽略了这种风险。

6.2　决策树插件的应用

决策树设计插件(tree plan⊖)可以帮助我们在 Excel 里创建决策树并分析它。我们可以用此插件在 Excel 中建立如图 6-5 所示的决策树。

要安装决策树设计插件,首先选择 Excel 菜单中的"文件"→"打开",打开文件 treeplan.xla。若使用决策树设计插件创建决策树,就要打开一个新的电子表格,从"加载项"菜单中选择"Decision tree"命令调用决策树插件,屏幕上会弹出如图 6-5 的对话窗口。

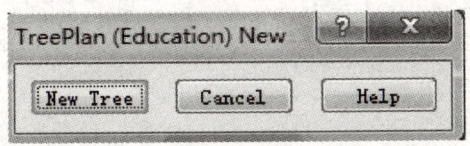

图 6-5　决策树设计插件的初始对话框

⊖　该插件是由 Michael Middleton 博士开发的,欲了解详细信息可以登录网站:http://www.treeplan.com。

如果单击"New Tree"按钮,决策树设计插件就会创建一个具有一个决策节点和两个决策分支的树架,如图 6-6 所示。这个树架就被插入到电子表格中最近获得焦点的单元格处。

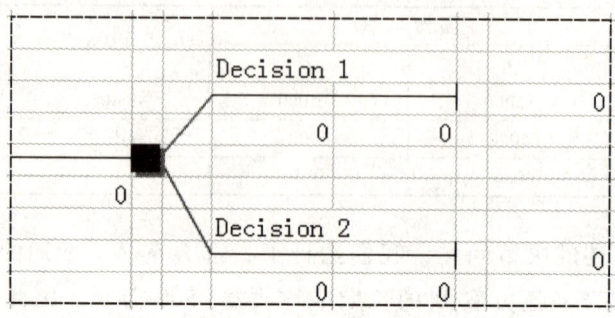

图 6-6　决策树设计插件创建的决策树原形

决策树设计插件会自动地把树中的分支命名为"决策 1"和"决策 2"。

6.2.1　添加分支

在树中增加一条新的分支,可依下列步骤进行,如图 6-7 所示。

(1) 单击"决策节点"(单元格 B5)。

(2) 调用决策树设计插件。

(3) 选中"Add Branch"。

(4) 单击"OK"。

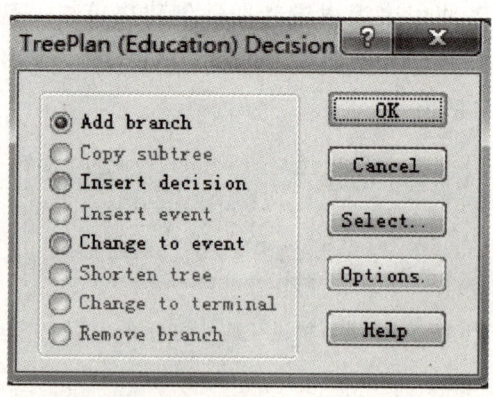

图 6-7　添加分支

6.2.2 添加事件节点

要添加事件节点,可依下列步骤进行,如图 6-8 所示。
(1) 选中分支的末端节点。
(2) 调用决策树设计插件。
(3) 选中"Change to event node",选择"Two"。
(4) 单击"OK"。

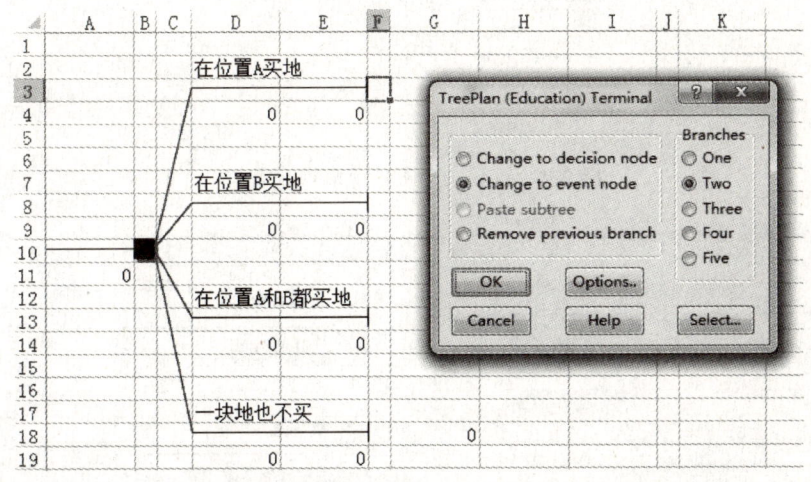

图 6-8 决策树设计插件添加事件节点

依上述步骤操作后,得到如图 6-9 所示的具有两个事件分支的事件节点。该插件会自动地把这两个分支命名为"Event5"和"Event6",可以根据需要修改名称。在每个事件分支名称上面的单元格中显示的是每个事件的概率。决策树设计插件默认为每个事件的概率均相等,不过可以人为地设定这些事件的概率,以满足我们分析具体问题的目的。

6.2.3 添加现金流

要完成决策树,就必须给每个决策、每个事件添加现金流。决策树插件把每个分支下的第一个单元格保留以存储这个分支的现金流。在图 6-10 中,将旅店买地决策相关的现金流填入阴影部分的单元格后,决策树插件会自动计算达到末端节点前经过的所有分支上的现金流。当我们改变决策树中分支上的现金流时,损益值会自动更新。

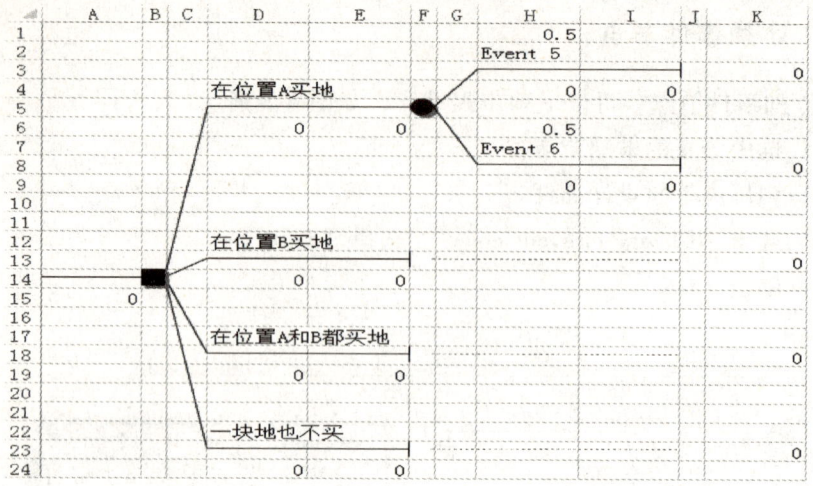

图 6-9 具有一个事件节点的决策树

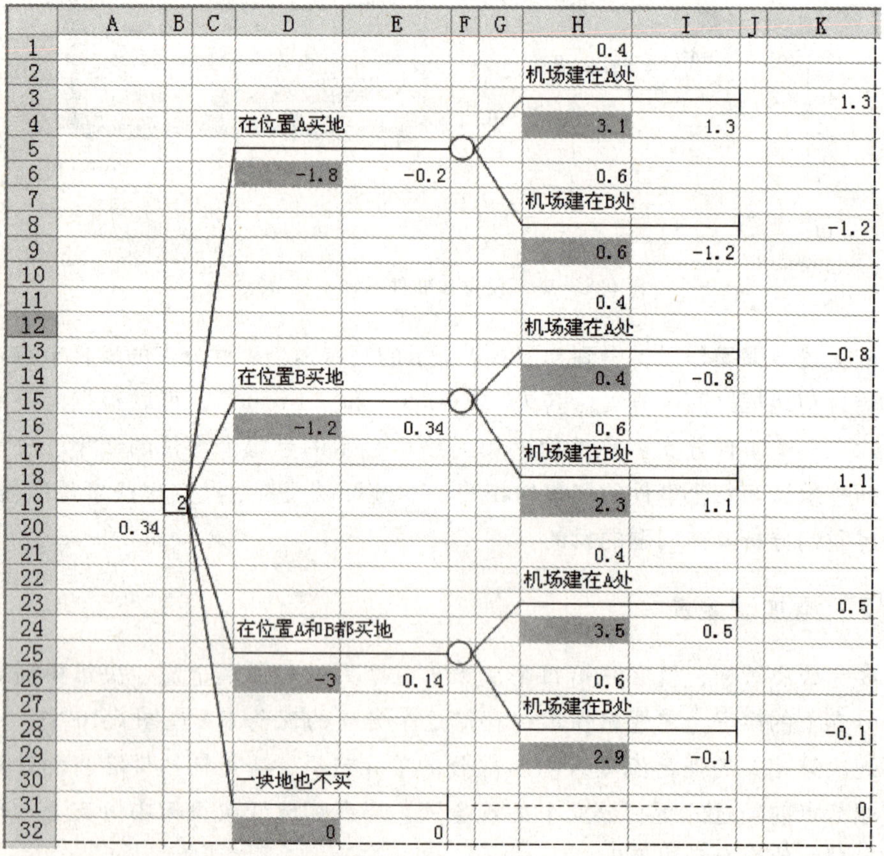

图 6-10 添加现金流后决策树插件自动计算收益和 EMV 值（金额单位：亿元）

6.2.4 计算收益和 EMV 值

接下来，该插件就会按照前面所讲的反推决策树的方法来计算每个节点的 EMV 值，在每个节点的左下方显示计算结果。所以图 6-10 的单元格 A20 就是决策节点处 EMV 的最大值，为 0.34 亿元。决策节点（单元格 B19）中的值 2 表示最大的 EMV 值是通过选择第二个决策方案得出的，也就是说，在 B 处买地。

6.2.5 其他特征

上面主要介绍了决策树插件的操作、性能和一些功能选项。该插件还带有帮助功能，可以在所有的插件对话框中通过单击 "Help" 按钮来获得帮助。在所有的插件对话框中，单击 "Select" 和 "Option" 按钮都会分别弹出如图 6-11 所示的窗口。

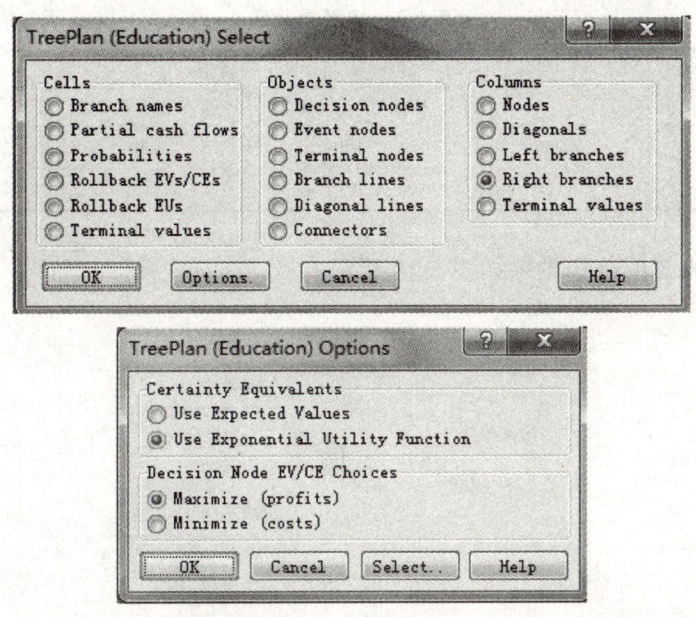

图 6-11 决策树插件的 "Select" 和 "Option" 对话框

在决策树中，有时我们也会选择要素的类型。例如我们可能想选择现金流，想用特定的货币格式来显示它，也可能不想显示 EMV 值。图 6-11 中的 "Select" 对话框就使之简单易行。通过对话框中的选项，可以很方便地改变电子表格中所选取的要素格式，这些都是自动完成的，也可以同时完成对这些要素的格式操作。

"Option"对话框有两个用途：一是关于使用期望值（Use Expected Values）来分析决策问题，还是使用指数效用函数（Use Exponential Utility Function）来代替期望值，决策树插件默认的是使用期望值；二是利润最大化（Maximize Profits）和成本最小化（Minimize Costs）选项。

6.3 风险型决策案例分析（一）

【例 6-2】 某企业为了生产某种新产品，决定对一条生产线的技术改造问题拟出两种方案，一是全部改造，二是部分改造。若采用全部改造方案，需投资 280 万元；若采用部分改造方案只需投资 150 万元。两个方案的使用期都是 10 年。估计在此期间，新产品销路好的概率是 0.7，销路不好的概率是 0.3，两个改造方案的年度损益值如表 6-2 所示，请问该企业的管理者应如何决策改造方案？

表 6-2 年度损益表　　　　　　　　　　（金额单位：万元）

方案	投资	年度损益值		使用期/年
		销路好（$p=0.7$）	销路不好（$p=0.3$）	
A1 全部改造	280	100	−30	10
A2 全部改造	150	45	10	10

运用决策树的分析结果如图 6-12 所示。

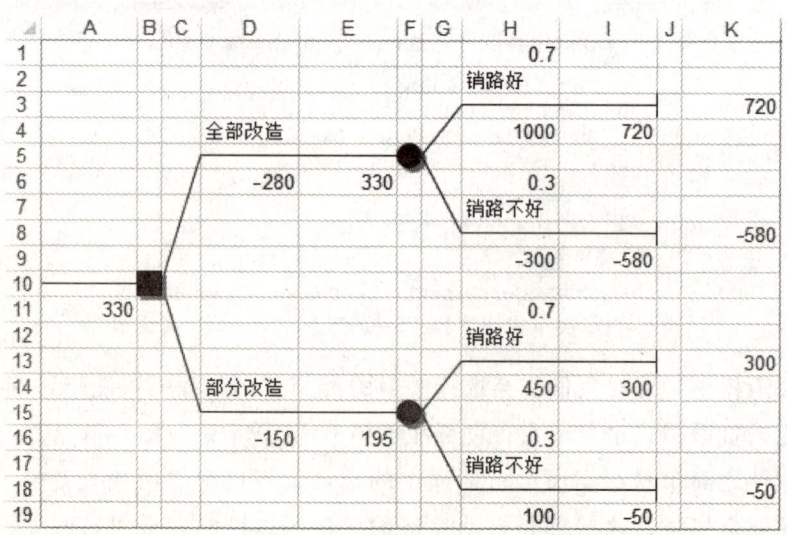

图 6-12 生产线技术改造案例决策树（金额单位：万元）

【例6-3】 如果对【例6-2】中的问题分为前4年和后6年两期考虑,根据市场调查研究及预测分析,前4年新产品销路好的概率为0.7,而且前4年销路好后6年销路也好的概率为0.9;但若前4年销路差,则后6年销路也差的概率为0.6。在这种情况下,企业的管理者应采用生产线全部改造还是部分改造的方案更好些呢?

则年度损益表和决策树分析分别如表6-3和图6-13所示。

表6-3　年度损益表　　　　　　　　　　（金额单位：万元）

方案	投资	前4年年度损益值		后6年年度损益值			
				前4年销路好		前4年销路不好	
		销路好 (p=0.7)	销路不好 (p=0.3)	销路好 (p=0.9)	销路不好 (p=0.1)	销路好 (p=0.4)	销路不好 (p=0.6)
A1 全部改造	280	100	−30	100	−30	100	−30
A2 部分改造	150	45	10	45	10	45	10

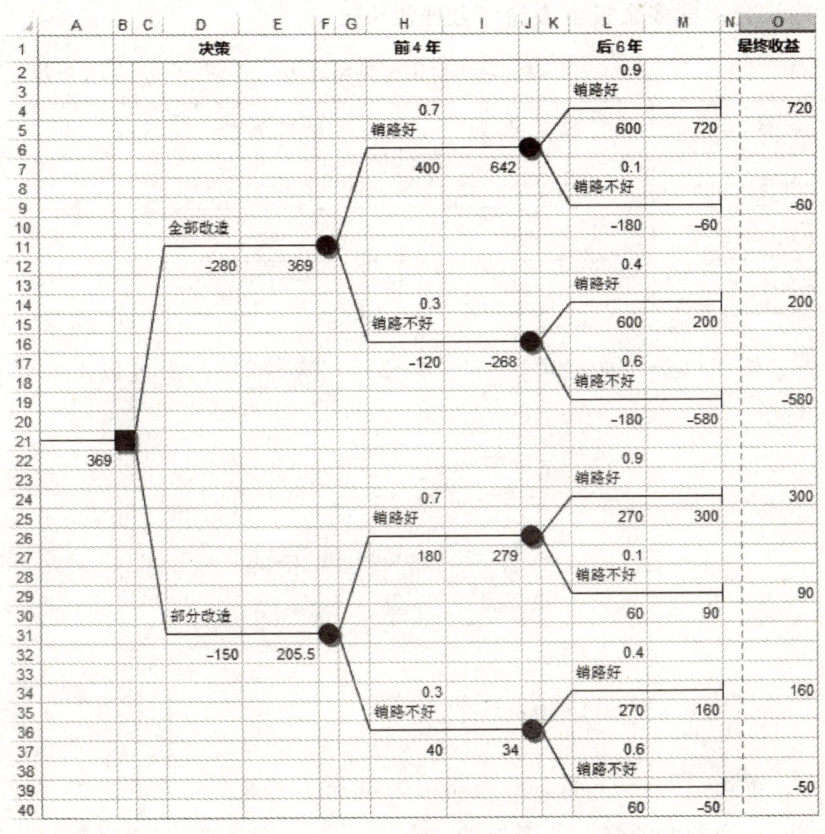

图6-13　分期生产线技术改造案例决策树（金额单位：万元）

6.4 风险型决策案例分析（二）

6.4.1 投资决策案例分析

【例6-4】 某公司有50000元多余资金，如用于某项开发事业估计成功率有96%，成功时一年可获利12%，但一旦失败，有丧失全部资金的危险。如把资金存放到银行中，则可稳得年利6%，为获得更多情报，该公司求助于咨询服务，咨询费用为500元，但咨询意见只是提供参考，帮助下决心。咨询公司根据过去类似200例咨询意见的实施结果进行了统计，情况如表6-4所示。

试用决策树方法分析：
(1) 该公司是否值得求助于咨询服务？
(2) 该公司的多余资金应如何合理使用？

表6-4 咨询意见统计表　　　　　　　　（单位：次）

已有经验	投资成功	投资失败	合计
可以投资	154	2	156
不宜投资	38	6	44
合计	192	8	200

首先，依次单击"加载项"→"Decision Tree"后，出现以下对话框，如图6-14所示。

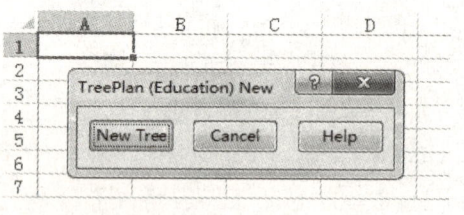

图6-14 创建"New Tree"

然后，单击"New Tree"，得到如图6-15所示界面。
之后，输入相应数据，如图6-16所示。

第 6 章 风险型决策模型

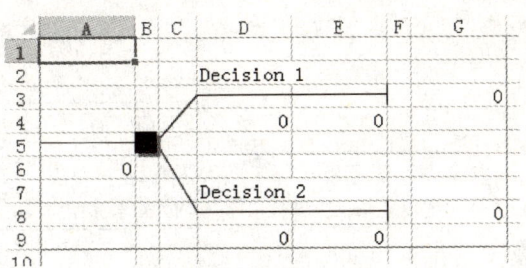

图 6-15 决策树

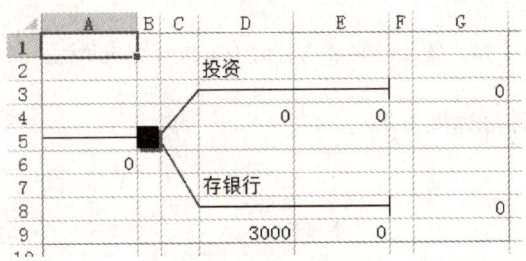

图 6-16 录入数据

选定单元格 F3，依次单击"加载项"→"Decision Tree"后出现如图 6-17 所示对话框。

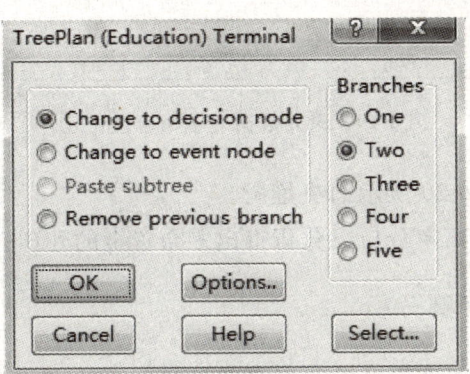

图 6-17 增加时间节点

选择"Change to event node"，"Branches"选择 Two（2 个分支），单击"OK"，得到图 6-18。

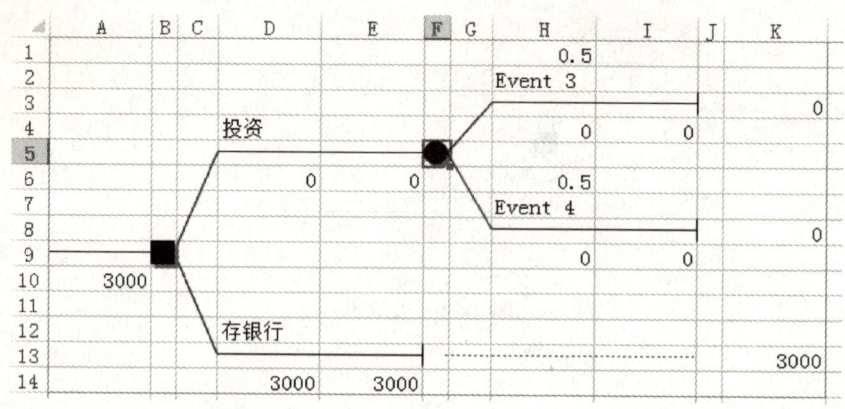

图 6-18 增加时间节点后的决策树（金额单位：元）

输入相应数据后得到图 6-19。

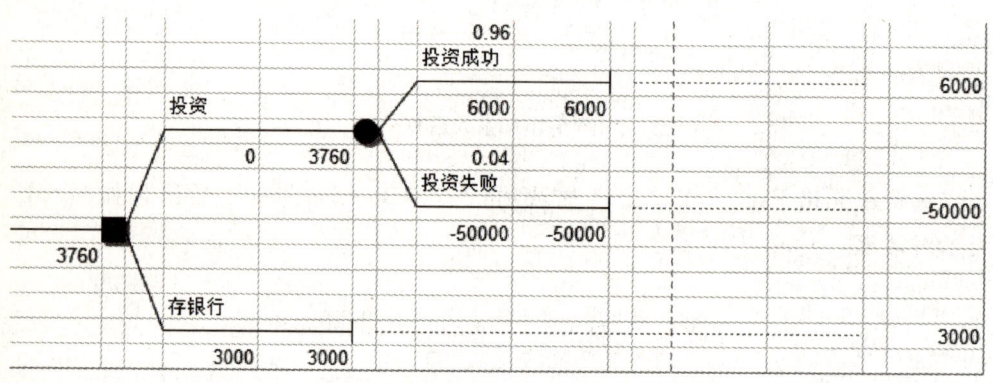

图 6-19 录入数据（金额单位：元）

最后，得到如图 6-20 所示的决策树。

由图 6-21 的投资概率分析可分析得出多余资金的处理方式。

6.4.2 工程投标案例分析

【例 6-5】 某承包商拥有的资源有限，只能在 A 和 B 两个工程中选 A 或 B 进行投标，或者对这两项工程都不参加投标。但根据过去该承包商投标经验资料，他对 A 或 B 投标又有两种策略：一种是投高标，中标的机会为 0.3；另一种是投低标，中标的机会是 0.5。这样共有 A 高、A 低、不投、B 高和 B 低五种方案。

第6章 风险型决策模型

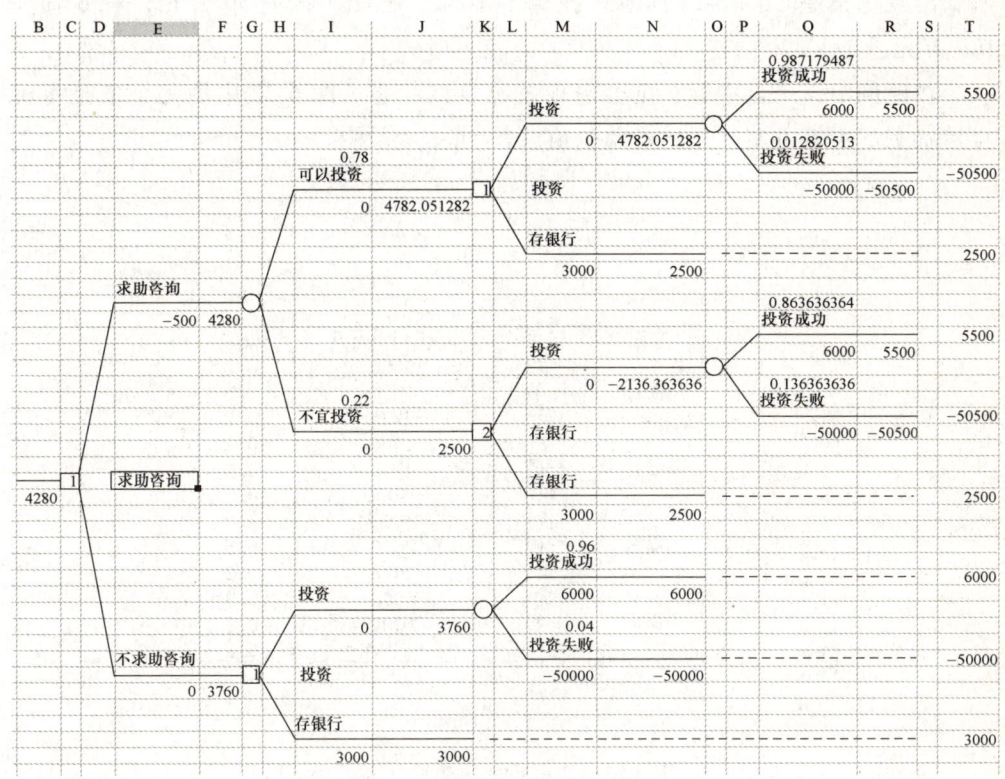

图 6-20 投资决策案例决策树（金额单位：元）

	U	V	W	X	Y	Z	AA
	实施结果 咨询意见	投资成功	投资失败	合计	P（可以投资）	P(投资成功/可以投资)	P(投资失败/可以投资)
	可以投资	154	2	156	0.78	0.987179487	0.012820513
	不宜投资	38	6	44	0.22	0.863636364	0.136363636
	合计	192	8	200	P（不宜投资）	P(投资成功/不宜投资)	P(投资失败/不宜投资)
	概率	0.96	0.04				
		P（投资成功）	P（投资失败）				
		咨询费	-500				
		投资成功获利	6000				
		投资失败亏损	-50000				
		存银行的利润	3000				

图 6-21 投资概率分析（金额单位：元）

该承包商过去也承包过与 A、B 类似的工程，根据统计资料，每种方案的利润和出现的概率如图 6-22 所示。投标不中时，则对 A 损失 50 万元，对 B 损失 100 万元。

在此例中，一旦中标，则会出现三种自然状态。图 6-22 中的每个值是每种自然状态下决策方案带来的货币价值。

方案	效果	可能获利/万元	概率
A高标	优	5000	0.3
A高标	一般	1000	0.5
A高标	赔	-3000	0.2
A低标	优	4000	0.2
A低标	一般	500	0.6
A低标	赔	-4000	0.2
B高标	优	7000	0.3
B高标	一般	2000	0.5
B高标	赔	-3000	0.2
B低标	优	6000	0.3
B低标	一般	1000	0.6
B低标	赔	-1000	0.1

图 6-22 工程投标决策中收益值

通过决策树来描述工程投标过程中的决策问题，图 6-23 是工程投标的决策树。

以方案 A 为例，损益期望值的计算如下：

中标所产生的损益期望值为

$$(5000 \times 0.3 + 1000 \times 0.5 - 3000 \times 0.2) 万元 = 1400 万元$$

总体投 A 高标的损益期望值为

$$(1400 \times 0.3 - 50 \times 0.7) 万元 = 385 万元$$

同理可得出剩下各方案的损益期望值。

至此，承包商可以做出决策，如果投 A 工程，宜投高标，如果投 B 工程，宜投低标。而且从损益期望值角度看，选定 B 工程低投标更为有利。

第 6 章 风险型决策模型

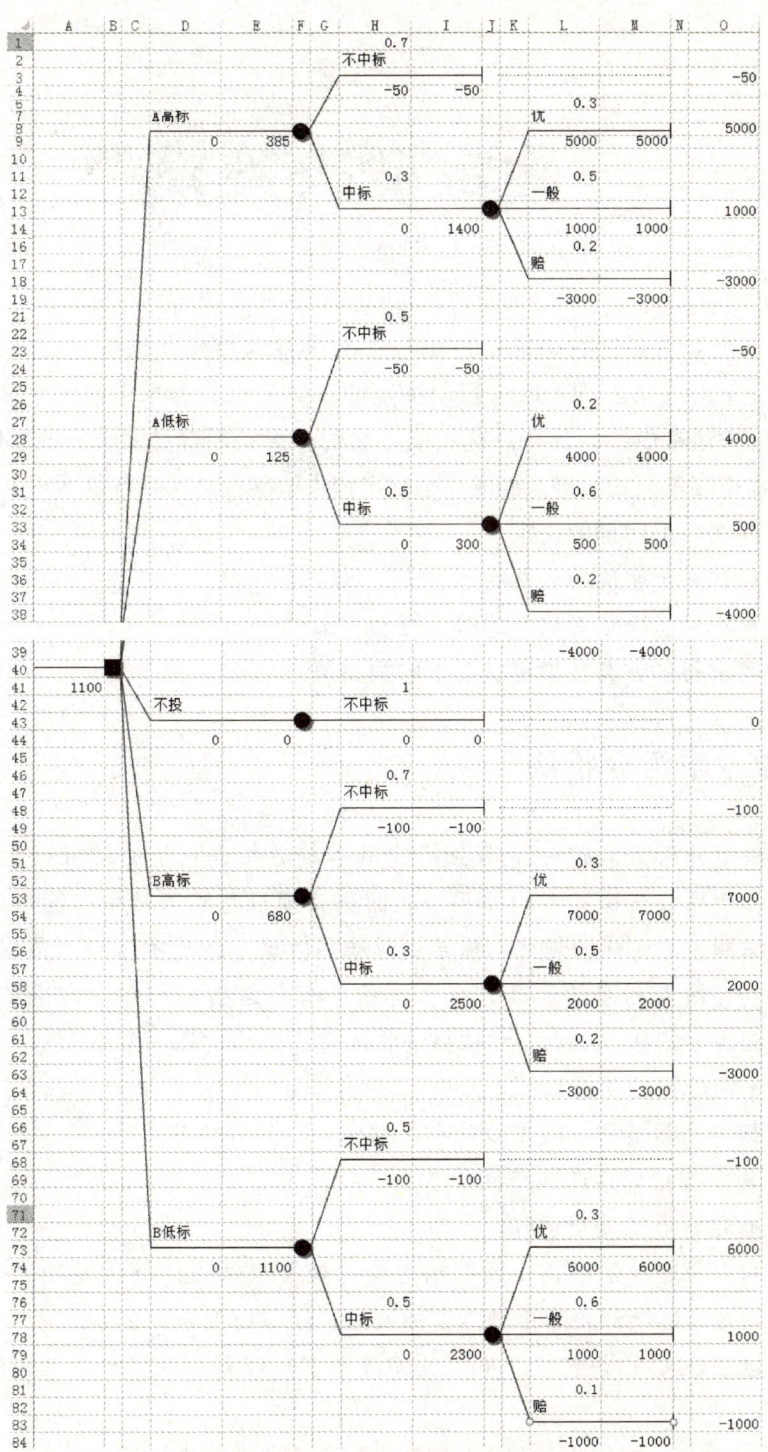

图 6-23 决策树图（金额单位：万元）

第7章 确定型决策模型

确定型决策（自然状态确定）也称标准决策或结构化决策，它是指决策过程的结果完全由决策者所采取的行动决定的一类问题，可采用盈亏平衡分析法、库存优化等方法来解决。其特点是决策方案的结果是明确的、唯一的，选择不同的方案就能得到不同的结果。构成一个确定型决策问题必须具备以下4个条件：

（1）存在一个明确的决策。
（2）存在一个明确的自然状态。
（3）存在可供决策者选择的多个行动方案。
（4）可求得各方案在确定状态下的损益值。

7.1 盈亏平衡分析法

盈亏决策分析又称盈亏平衡分析或量本利分析，它是通过分析生产成本、销售利润和产品数量这三者的关系，从而测算项目达到正常生产能力后的盈亏平衡点，掌握盈亏变化的规律，指导企业选择以最小的成本生产出最多的产品，并使企业获得最大利润的经营方案。盈亏平衡点是指项目在正常生产条件下，项目的利润为零的那一个点，即项目的收入等于支出的那一个点。

盈亏平衡分析的功能是：

（1）研究产量变化、成本变化和利润变化之间的关系。
（2）确定盈亏分界点的产量。
（3）确定企业的安全边际。

企业的安全边际是指企业预期销售量与盈亏平衡点之间的差额。这个差额越大，说明企业越能经得起市场需求的波动，经营越安全，企业风险越小。

销售量（Q）、销售收益（R）、总成本（C）以及利润（π）之间的关系和模型为

$$销售收益(R) = 销售量(Q) \times 销售单价(p)$$

总成本(C) = 固定成本(F) + 变动成本(V)

变动成本(V) = 单位变动成本(v) × 销售量(Q)

总成本(C) = 固定成本(F) + 单位变动成本(v) × 销售量(Q)

利润(π) = 销售收益(R) – 总成本(C)

单位边际贡献 = 销售单价(p) – 单位变动成本(v)

边际贡献 = 销售收益(R) – 变动成本(V)

边际贡献率(k) = 单位边际贡献/销售单价(p)

用数学方法可定量表示为

$$R = pQ$$
$$C = F + vQ$$
$$\pi = R - C$$
$$\pi = (p - v)Q - F$$
$$\pi = \left(1 - \frac{v}{p}\right)R - F = kR - F$$

所以盈亏平衡销量（Q_0）和盈亏平衡销售收益（R_0）为 $\pi = 0$ 时的销量和收益，则有

$$Q_0 = \frac{F}{p - v}, \quad R_0 = \frac{F}{k}$$

求盈亏平衡点可以利用图解法、公式法等。

1. 图解法

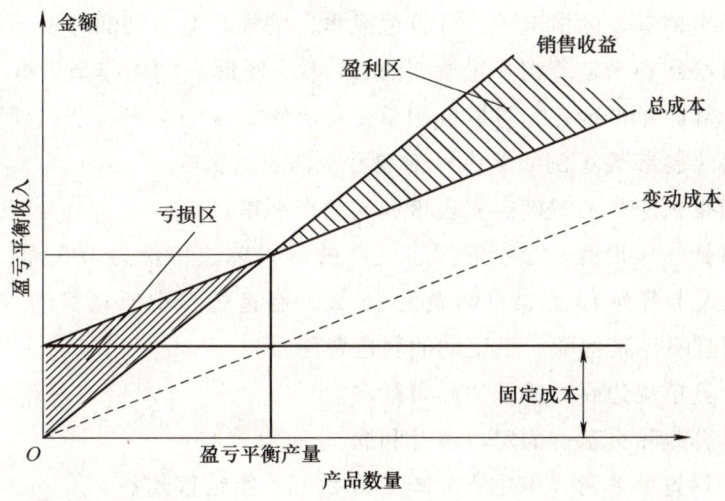

图 7-1 盈亏平衡图

2. 公式法

$$盈亏平衡产量 = \frac{固定成本}{单价 - 单位变动成本}$$

$$盈亏平衡价格 = \frac{固定成本}{产量} + 单位可变成本$$

若在一定目标利润条件下决策，则有

$$产量 = \frac{固定成本 + 目标利润}{单价 - 单位变动成本}$$

$$价格 = \frac{固定成本 + 目标利润}{产量} + 单位可变成本$$

7.2 采用 Excel 建立盈亏平衡分析模型

7.2.1 采用 Excel 建立盈亏平衡分析模型的方法

采用 Excel 建立盈亏平衡分析模型，可使用公式计算、单变量求解、规划求解等多种方法寻找盈亏平衡点，分析各种管理参数的变化对盈亏平衡点的影响。

7.2.2 在 Excel 2010 中建立盈亏平衡分析模型的步骤

（1）在 Excel 2010 中建立盈亏平衡分析的框架，输入产品的单价、单位变动成本、固定成本。

（2）给定销售量的情况下，计算总成本、销售收益、利润等。

（3）可绘制利润随着销售量改变的 XY 散点图形（利用模型运算表）。

（4）计算盈亏平衡点，可以使用单变量求解、规划求解、公式计算等方法。

（5）可绘制参数（例如单价）对盈亏平衡点的影响。

（6）根据预期的利润确定实现该利润的产品销量。

【例 7-1】 假设有一个制衣厂，生产的裤子单位售价为 100 元，其中生产一件产品的人工费为 10 元，材料费为 15 元，制造过程中所耗费的水电费为 10 元（此处暂且不计其他随产量变动的制造费用）。

（1）计算单位边际贡献及边际贡献率。

（2）计算边际贡献、固定成本及利润。

（3）计算盈亏平衡（保本点）销量及盈亏平衡销售收益。

（4）根据公司的边际贡献、固定成本、利润等数据，绘制本量利图形；通过图形动态反映出销量从 0（按增量 50）变化到 1500 时利润的情况及"盈利""亏损""保本"的决策信息。

(5) 假定销售单价从 50 元按增量变化到 300 元时，计算出盈亏平衡销量和盈亏平衡销售收益的相应变化值？并且以图形方式动态反映。

可做如图 7-2 所示的表格。

	A	B
1	销售单价/元	100
2	单位可变成本/元：	35
3	直接人工/元	10
4	直接材料/元	15
5	可变制造费/元	10
6		
7	单位边际贡献/元	65

图 7-2　初始数据

其中"单位可变成本"为直接人工、直接材料、可变制造费相加之和，即"B2 = B3 + B4 + B5"。B7 等于销售单价 B1 减单位可变成本 B2，这个值在会计上叫"单位边际贡献"，即卖出去一件产品对利润所做的贡献，注意"单位"是指销售一件产品的贡献。在企业实际生产过程中，还有部分费用是不随产量变动而变动的，我们称之为"固定费用"或"固定成本"，像机器设备的折旧，管理层人员的工资，销售过程中的广告费等，它们是不随销量变动的，即卖不卖产品，这部分费用依然产生。其数据如图 7-3 所示，则有"B8 = B9 + B10 + B11"。

	A	B
1	销售单价/元	100
2	单位可变成本/元：	35
3	直接人工/元	10
4	直接材料/元	15
5	可变制造费/元	10
6		
7	单位边际贡献/元	65
8	固定成本/元：	52000
9	管理人员工资/元	20000
10	资产折旧/元	10000
11	固定销售费用/元	22000

图 7-3　固定成本录入

假设销量为 1000 条，继续做表，如图 7-4 所示。

	A	B
1	销售单价/元	100
2	单位可变成本/元:	35
3	直接人工/元	10
4	直接材料/元	15
5	可变制造费/元	10
6		
7	单位边际贡献/元	65
8	固定成本/元:	52000
9	管理人员工资/元	20000
10	资产折旧/元	10000
11	固定销售费用/元	22000
12		
13	销量/件	1000
14	边际贡献/元	65000
15	销售收入/元	100000
16	总成本/元	87000
17	利润/元	13000
18		
19	盈亏平衡销量/件	800

图 7-4 营销平衡计算

在图 7-4 中,"B14 = B13 * B7,B15 = B13 * B1,B16 = B8 + B13 * B2"。当企业有销量时,单位边际贡献随之增加,只有所有售出产品的边际贡献总值超过企业的固定成本时,企业才会实现利润。对于 B19 盈亏平衡销量是指在利润为零那一时刻,盈亏实现平衡,边际贡献总值等于固定成本。因为边际贡献总值等于单位边际贡献乘以销量,所以,

盈亏平衡时的销量 = 固定成本/单位边际贡献

即"B19 = B8/B7"。

为了方便,我们建立 Excel 盈亏模型所需要的辅助区域,并加入两条参考线,如图 7-5 所示。

其中: C1 到 F1 标题手工填入,C2 销量输入 0,C2 为 0,D2 肯定也为 0,E2 输入公式"= B8",F2 输入公式"= D2 - E2",C3 输入 1500,假设这是企业最大销量,D3 输入公式"= C3 * B7",E3 输入公式"= B8",F3 输入公式"= D3 - E3"。C7 到 C10 的公式都是"= B19",D8 输入公式"= B8",C13 到 C17 的公式都是"= B13",D14 输入公式"= B14",D15 输入公式"= B8",D16 输入公式"= B17",其他位置的数字直接手工输入。

对于"盈亏点销量垂直参考线",如果把 C7 到 C10 的值放到图表上的 X 轴,D7 到 D10 的值作为 Y 轴,由于 X 值相同,实际上会形成垂直于 X 轴方向上的一条直线上的四个点,"当前销量垂直参考线"中的数据就是垂直于 X 轴的直

线上的五个点。下面开始做图表：

	A	B	C	D	E	F
1	销售单价/元	100	销售量/件	边际贡献/元	固定成本/元	利润/元
2	单位可变成本/元：	35	0	0	52000	-52000
3	直接人工/元	10	1500	97500	52000	45500
4	直接材料/元	15				
5	可变制造费/元	10				
6			盈亏点销量垂直参考线：			
7	单位边际贡献/元	65	800	150000		
8	固定成本/元：	52000	800	52000		
9	管理人员工资/元	20000	800	0		
10	资产折旧/元	10000	800	-50000		
11	固定销售费用/元	22000				
12			当前销量垂直参考线：			
13	销量/件	1000	1000	150000		
14	边际贡献/元	65000	1000	65000		
15	销售收入/元	100000	1000	52000		
16	总成本/元	87000	1000	13000		
17	利润/元	13000	1000	-50000		
18			售价=100元，盈亏平衡销量=800件			
19	盈亏平衡销量/件	800	销量=1000件时，盈利			

图 7-5　盈亏模型辅助区域数据

（1）选择 C1 到 F3，然后按工具栏上的图表向导。在"插入"→"图表"中选择"散点图"下拉菜单中的无数据"带直线的散点图选项"，右击图例，单击"选择数据源"，弹出如图 7-6 所示的对话框。

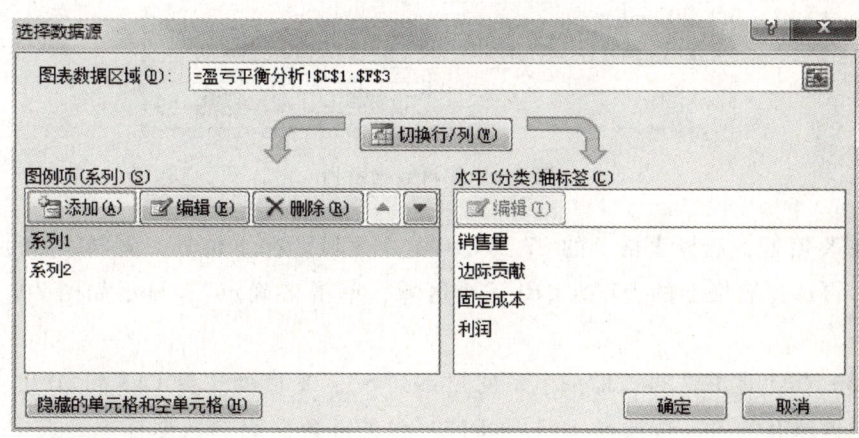

图 7-6　选择数据源

单击"切换行/列（W）"→"确定"，得到图 7-7。
也可以设置图例，右击图例，将其放在底部。

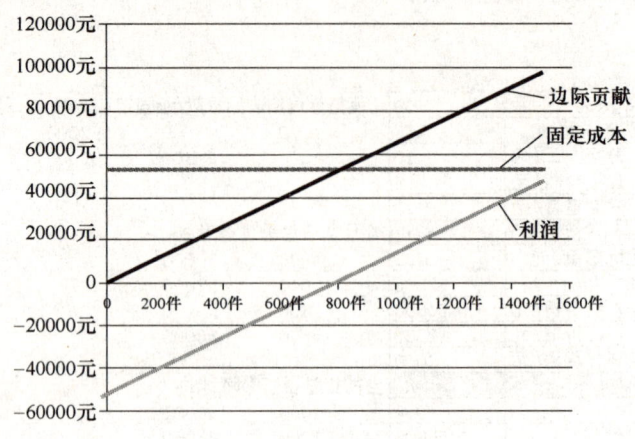

图 7-7 利润成本边际贡献图

（2）选中绘图区右击"数据源"，在"系列"页上，单击"添加"按钮，出现"系列 4"，如图 7-8 所示。

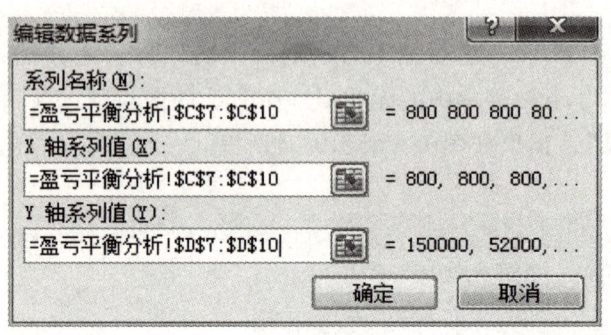

图 7-8 编辑数据系列

在 X 值处，选择表格上的 C7 到 C10 这个区域。在 Y 值处，先删除里边原有的值，再选择表格上的 D7 到 D10 这个区域，单击"确定"，显示如图 7-9 所示的图表。

（3）按上述方法再添加一个系列"系列 5"：X 值处选择 C13 到 C17，Y 值处先删掉原有的值，再选择 D13 到 D17。在关键数据点加数据标志，选中"系列 4"，再选中"系列 4"与"固定费用"和"边际贡献"交叉的那个点单击鼠标右键选择"数据标志"→选中 Y 值→"确定"，同样地，选中"系列 5"，再选中"系列 5"与"利润"交叉的那个点，加数据标志 Y 值。单击"确定"

后，会出现如图 7-10 所示的效果图。

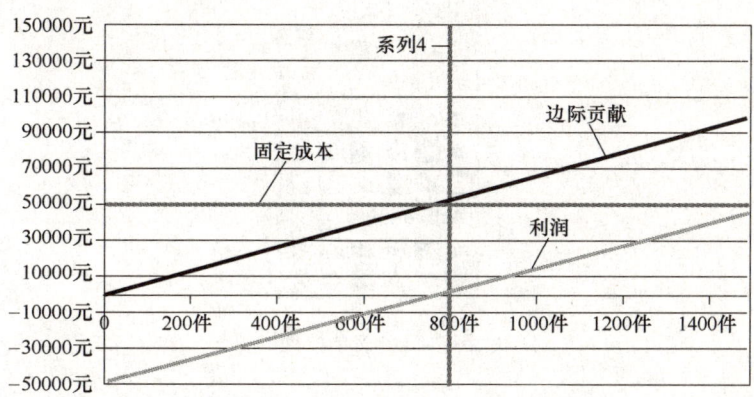

图 7-9　添加辅助线

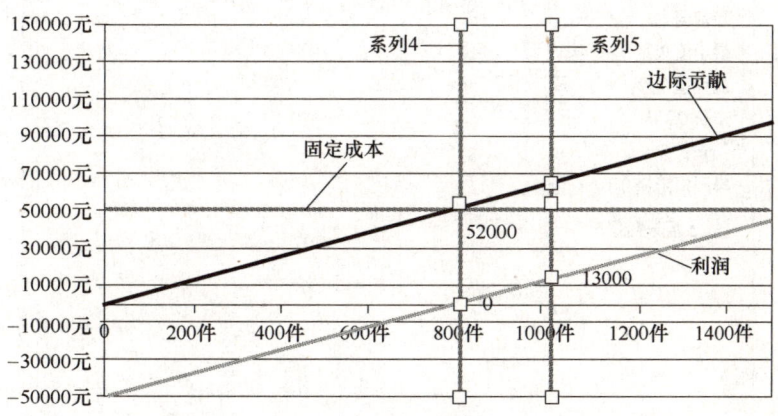

图 7-10　添加数据标志

图 7-10 即一个静态的盈亏模型。虽然是静态的，但如果修改表格上的数值，如价格、销量、固定成本等，这个模型就会随之变化。在此基础上，我们可以建立动态的盈亏分析模型。这里我们需要用到"窗体"工具栏上的微调按钮，在"开发工具"的"插入"下拉菜单中，有表单控件，如图 7-11 所示。

（4）单击窗体开发工具栏上的"数值调节"按钮，然后在表格上拖拽出这个按钮，单击右键→选择"设置控件格式"，当前值输入 100，最小值输入 50，最大值输入 300，步长输入 5，单元格链接处选择 B1，单击"确定"（其目的是用这个按钮控制售价变化），如图 7-12 所示。

图 7-11 表单控件

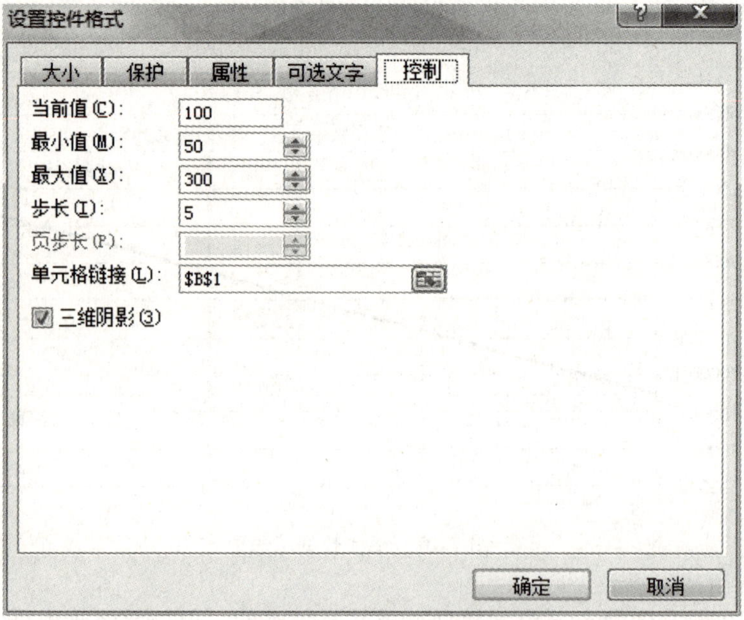

图 7-12 设置控件格式对话框

(5)再次单击窗体开发工具栏上的"数值调节"按钮,然后在表格上拖拽出第二个按钮,并单击右键→选择"设置控件格式",当前值输入 1000,最小值输入 0,最大值输入 1500,步长输入 50,单元格链接处选择 B13,单击"确定"(其目的是用这个按钮控制销量变化)。完成之后,当单击这两个按钮的向上或向下箭头的时候,图表便是动态的了,如图 7-13 所示。

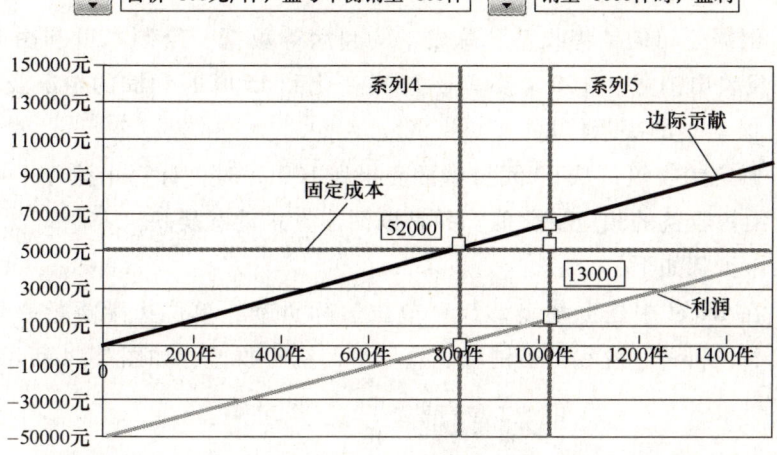

图 7-13 动态盈亏平衡分析表

运用 Excel，对相关单元格输入公式：在单元格 C18 中输入公式：="售价="&B1&"元，盈亏平衡销量="&ROUND（B19，1）；在单元格 C19 中输入公式：="销量="&B13&"时，"&IF（B17＞0，"盈利"，IF（B17=0，"保本"，"亏损"））；在"插入"→"形状"中选择矩形框，在图表上边拉出一个条形矩形框。然后选中这个矩形框，上边公式栏中输入"=C18"，回车。完成之后矩形框上就会出现 C18 里的值。

（6）分析结果，由图 7-13 的动态图可以看出：

1）当销量增加，产品的边际贡献逐渐增加，利润的负值（亏损）逐渐减少。

2）当边际贡献数值增长到与固定费用持平时，这时利润刚好为零，此时即所谓的盈亏平衡。

3）当边际贡献再继续增加时，这时企业已开始盈利了。

【例 7-2】 富勒公司生产一种高质量运动鞋，公司管理层邀请你帮助公司整理用于管理决策的信息，公司的最高生产能力为 1500 双。一项销售调查显示明年平均每双鞋的销售价格定为 90 元，公司的成本数据为：固定成本 37800 元，每双鞋的可变成本 36 元。若当前的销量为 900 双，要求：

（1）计算单位边际贡献及边际贡献率。

（2）计算销售收益、总成本及利润。

（3）盈亏平衡（保本点）销量及盈亏平衡销售收益。

(4) 假如公司的预算利润为 24000 元，计算为达到利润目标所需要的销量及销售收益。

(5) 根据公司的销售收益、总成本、利润等数据，绘制本量利图形；通过图形动态反映出销量从 100（按增量 10）变化到 1500 时利润的情况及"盈利""亏损""保本"的决策信息。

(6) 假定销售单价从 80 元按增量变化到 100 元时，计算出盈亏平衡销量和盈亏平衡销售收益的相应变化值？并且以图形方式动态反映。

其操作步骤如下：

(1) 在 Excel 中建立模型，计算单位边际贡献、单位边际贡献率、销售收益、总成本、利润、盈亏平衡销量、盈亏平衡销售收益，如图 7-14 所示。

	A	B	C
1			
2		销量(Q)/件	900
3			
4			
5		平均每双销售价格(p)/元	90.00
6		每双可变成本(v)/元	36.00
7		固定成本(F)/元：	37800.00
8			
9		单位边际贡献/元	54.00
10		边际贡献率	60%
11		销售收益(R)/元	81000.00
12		总成本(C)/元	70200.00
13		利润(π)/元	10800.00
14			
15		盈亏平衡销量(Q_0)/件	700
16		盈亏平衡销售收益(R_0)/元	63000

图 7-14　盈亏数据

各个单位格公式为

C9：= C5 − C6　　　　C10：= C9/C5　　　　C11：= C2 * C5

C12：= C6 * C2 + C7　　C13：= C11 − C12　　C15：= C7/C9

C16：= C15 * C5

(2) 利用单变量求解方法计算目标利润对应的目标销售量和目标销售收益，如图 7-15 所示。

(3) 绘制公司的销售收益、总成本、利润等数据，绘制本量利图形，如图 7-16 所示。

1) 利用模拟运算表准备作图数据。

以销售量为变量，对销售收益、总成本、利润进行单变量模拟，其公式为

单元格 G3：= C11

单元格 H3：= C12

单元格 I3：= C13

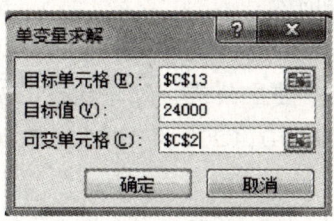

图 7-15　单变量求解表

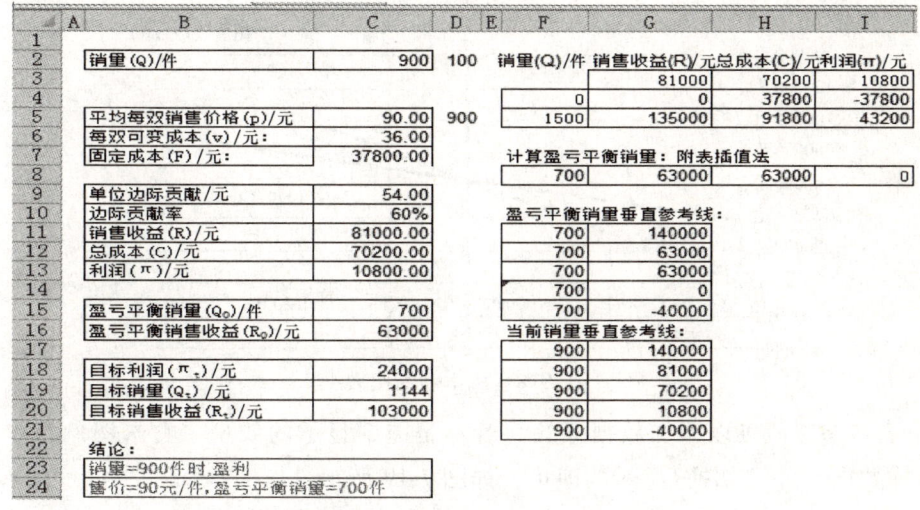

图 7-16　盈亏平衡决策的 Excel 模型

模拟运算参数选择 F3：I5，如图 7-17 所示。

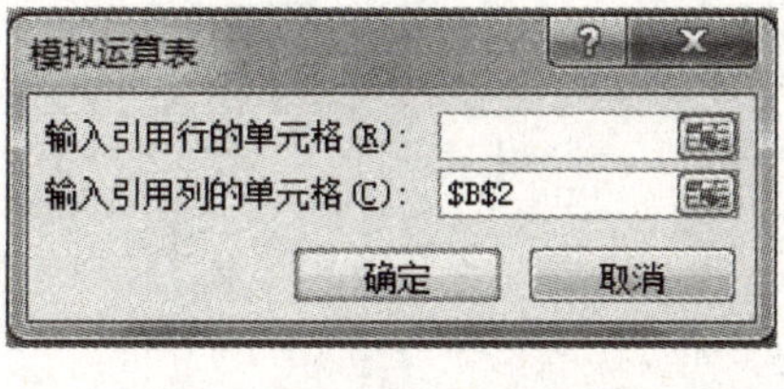

图 7-17　模拟运算表

建立垂直和水平参考线，构造垂直参考线的数据，增加盈亏平衡销量垂直线参考，其公式为

F11：＝C15　　　F12：＝C15　　G15：－40000　　G11：140000

增加销售量垂直参考线的公式为

F17：＝C2　　　F18：＝C2　　　G21：－40000　　G17：140000

2）在表格的A19和A20建立公式，反映建模的结果。

B23：＝＝"销量＝"&ROUND(C2,0)&"时,"&IF(C13>0,"盈利",IF(C13＝0,"保本","亏损"))

B24：＝＝"售价＝"&C5&"元,盈亏平衡销量＝"&ROUND(F11,0)

3）选择F2：I5，绘制带直线的XY散点图，并添加辅助线，调整图形如图7-18所示。

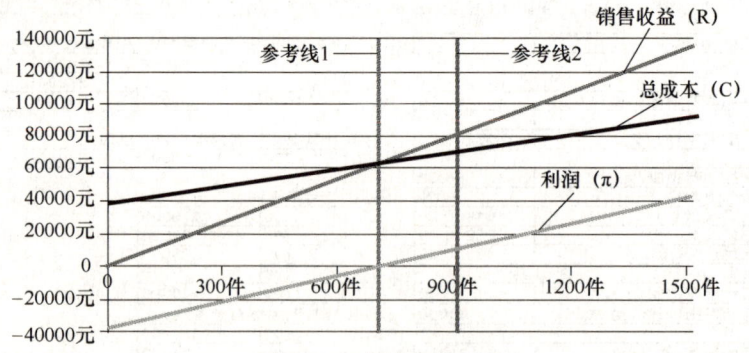

图7-18　成本利润图表

右击参考线可以添加数据标签。若不是图中显示的线型，右击图例，单击"选择数据"→"切换行/列"即可，如图7-19所示。

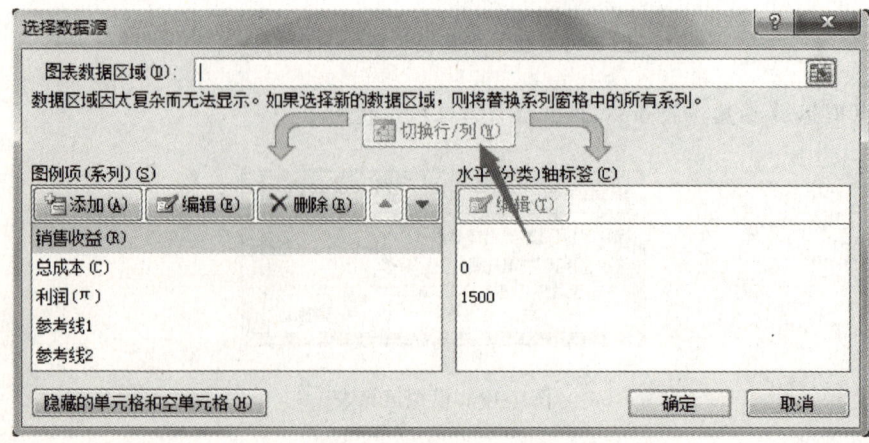

图7-19　行列切换选项

4)在图表中创建微调器控件,反映销售量和单价与利润之间的关系。在"开发工具"→"插入"菜单下,单击"表单控件",并在图表上方拖出控件按钮,如图 7-20 所示。

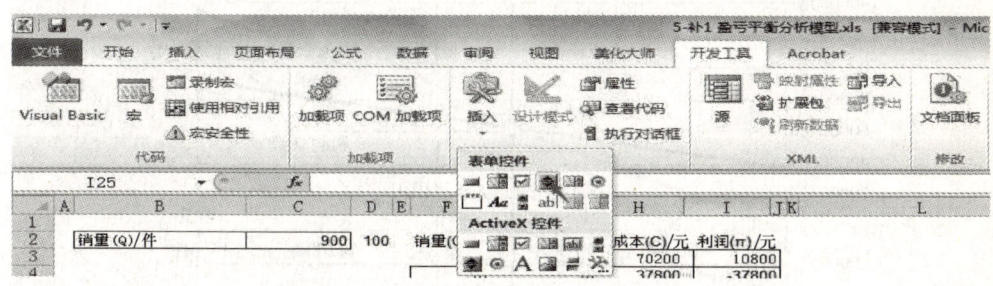

图 7-20 插入表单控件

控件按钮的参数设置如图 7-21 所示。

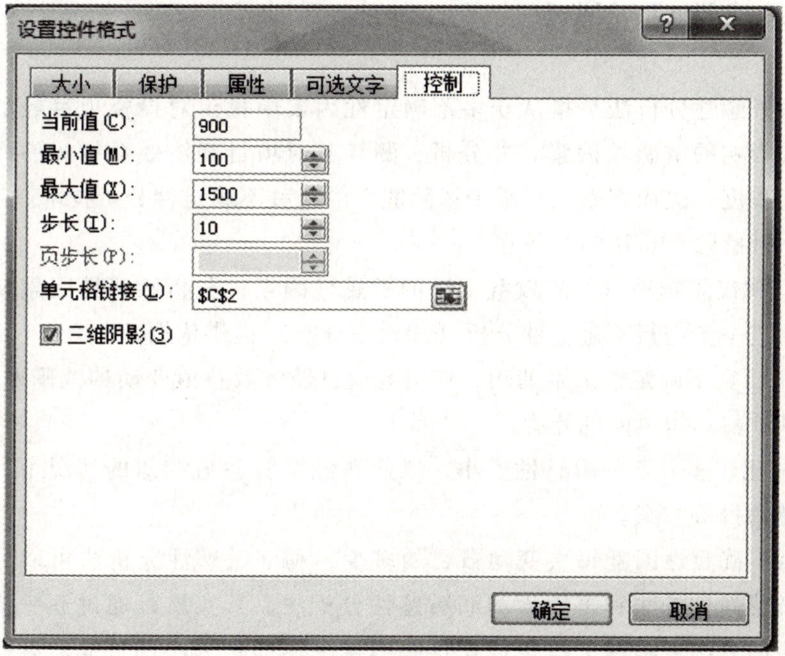

图 7-21 控件格式设置

在图表中创建标签:插入文本框,在公式栏输入公式:=B23。

同样,创建单价和销售利润之间的关系。创建标签:插入文本框,在公式栏输入公式：=B24，如图 7-22 所示。

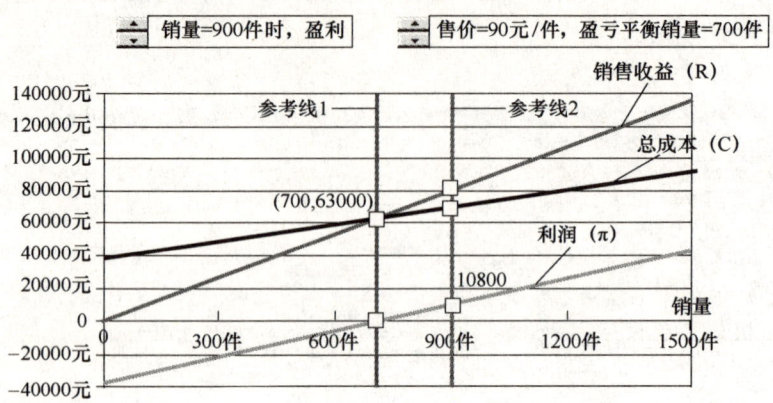

图 7-22　单价和销售利润之间的关系

7.3　敏感性分析模型

利润敏感性分析法是指从众多不确定性因素中找出对投资项目经济效益指标有重要影响的敏感性因素，并分析、测算其对项目经济效益指标的影响程度和敏感性程度，进而判断项目承受风险能力的一种不确定性分析技术。

利润敏感性分析法的目的在于：

（1）找出影响项目经济效益变动的敏感性因素，分析敏感性因素变动的原因，并为进一步进行不确定性分析（如概率分析）提供依据。

（2）研究不确定性因素变动，如引起项目经济效益值变动的范围或极限值，分析判断项目承担风险的能力。

（3）比较多方案的敏感性大小，以便在经济效益值相似的情况下，从中选出不敏感的投资方案。

根据不确定性因素每次变动数目的多少，利润敏感性分析法可以分为单因素利润敏感性分析法和多因素利润敏感性分析法。其实质是通过逐一改变相关变量数值的方法来解释关键指标受这些因素变动影响大小的规律。有些因素虽然变化幅度较大，却只对利润产生微小的影响。所以对一个企业的管理者来说，不仅需要了解哪些因素对利润增减有影响，而且需要了解影响利润的若干因素中，哪些因素影响大，哪些因素影响小。

那些对利润影响大的因素我们称为敏感因素；反之，则称为非敏感因素。

敏感性分析是一种定量分析方法，它研究当制约利润的有关因素发生某种变化时对利润所产生的影响。这对于利润预测分析，特别是对目标利润预测有着十分积极的指导意义。

在企业只生产单品种产品，且产销平衡的条件下，量本利之间的基本关系为

利润 = 销售量×(单价 - 单位变动成本) - 固定成本

在进行利润敏感性分析时，假定条件为：①利润只受销售量、产品单价、单位变动成本和固定成本的影响；②上述各因素的变动均不会影响其他因素的变动。

【例 7-3】 根据图 7-23 所给的资料建立确定型条件下单品种利润敏感性分析模型。

	A	B	C	D	E	F
1	利润敏感性分析模型					
2	基础数据					
3	项目	数值	变化后的数值	变动百分比	变动百分比滚动条	
4	销售量/台	3000	3450	15.00%		
5	产品单价/(元/台)	200	230	15.00%		
6	单位变动成本/(元/台)	120	102	-15.00%		
7	固定成本/元	8000	6800	-15.00%		
8	多因素变化对利润的影响/元					
9	预计利润	变动后利润	利润变动额	变动幅度		
10	232000	434800	202800	0.87413793		
11	单因素变动对利润的影响					
12	项目	变动前利润	因素变动百分比	变动后利润	利润变动额	变动幅度
13	销售量/台	232000	15.00%	268000	36000	0.155172
14	产品单价/(元/台)	232000	15.00%	322000	90000	0.387931
15	单位变动成本/(元/台)	232000	-15.00%	286000	54000	0.232759
16	固定成本/元	232000	-15.00%	233200	1200	0.005172

图 7-23 利润敏感性分析模型

(1) 设计利润分析模型结构，如图 7-23 所示，这里假设只有一种产品。

(2) 设计销售量的"滚动条"控件。单击"开发工具"，选择"插入"，再单击"滚动条"选项，然后在工作表的合适位置（这里为 E4～F4 单元格）拖拽出一个矩形"组合框"控件，并调整其大小，如图 7-24 所示。

(3) 将光标移到新建立的"滚动条"控件上，单击鼠标右键，出现快捷菜单，选择"设置控件格式"，出现"设置控件格式对话框，选择"控制"项，在"当前值"栏中输入 50，"最小值"栏中输入 0，"最大值"栏中输入 100，"步长"栏中输入 1，"页步长"栏中输入 5，在"单元格链接"栏中填入 "$E $4"，然后单击"确定"按钮，如图 7-25 所示。

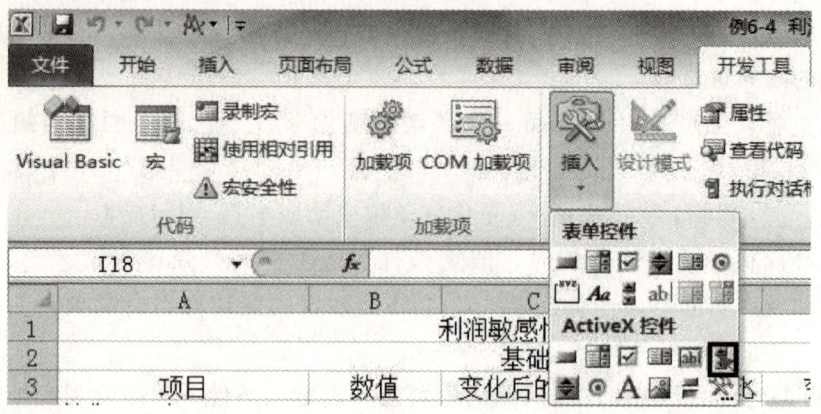

图 7-24 设计销售量的"滚动条"控件

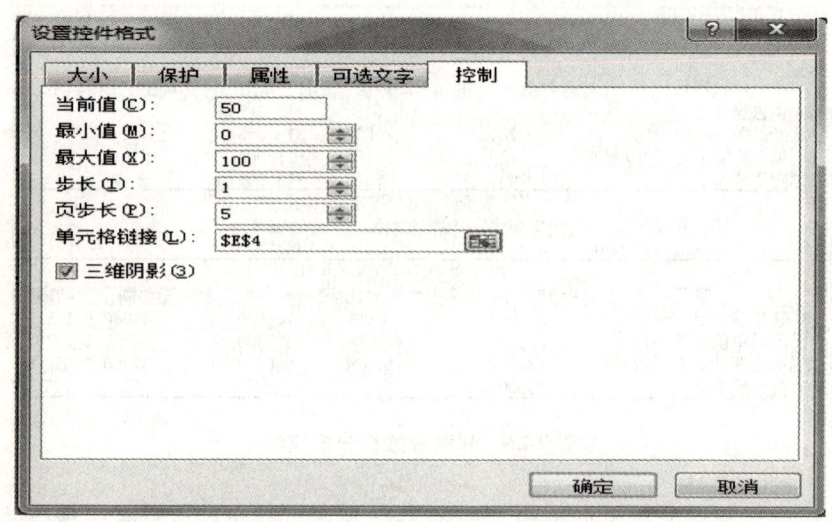

图 7-25 "设置控件格式"对话框

这就建立了销售量的"滚动条"控件。这里假设了利润的各个影响因素的变动百分比范围为（-50%，50%）。

（4）其他项目的"滚动条"控件可同样按照上述方法进行设置。其中，单价、单位变动成本和固定成本"滚动条"的"单元格链接"分别为单元格 E5、E6 和 E7。

（5）在单元格 D4：D7 中建立变动百分比与"滚动条"控件的联系，即选取单元格 D4：D7，并输入公式"= E4：E7/100 – 50%"。

需要说明的是本例中各因素的变动范围为（– 50%，50%），而滚动条控制按钮的值的变化范围为 0 ~ 100，为了使滚动条控制按钮的变化表示为百分数的变化，这里将控制按钮的值除以 100 后再减去 50%，则每次单击滚动条两端的箭头，单元格 D4：D7 中的变动百分比就变化 1%，而当滚动条在中间位置，百分比恰好为零；当单击滚动框与滚动条两端之间时，每单击一次，变动百分比就增加（或减小）5%。

（6）选取单元格 C4：C7，并输入变化后各项目数值的计算公式"= B4：B7 * (1 + D4：D7)"。

（7）在单元格 A10 中输入预计利润计算公式"= B4 * (B5 – B6) – B7"，并复制到单元格 B10 中，在单元格 C10 中输入公式"= B10 – A10"，在单元格 D10 输入公式"= C10/A10"。这样就得到了多因素变动对利润的综合影响。

（8）设计单因素变动影响分析表格，如图 7-23 所示，在单元格 B13：B16 中输入公式"= A10"，在单元格 C13：C16 中输入公式"= D4：D7"，在单元格 D13 ~ D16 中分别输入销售量、产品单价、单位变动成本和固定成本单独变动时对利润的影响计算公式，分别为：单元格 C13："= C4 * (B5 – B6) – B7"，单元格 C14："= B4 * (C5 – B6) – B7"，单元格 C15："= B4 * (B5 – C6) – B7"，单元格 C16："= B4 * (B5 – B6) – C7"；在单元格 E13：E16 中输入公式"= D13：D16 – B13：B16"；在单元格 F13：F16 中输入公式"= E13：E16/B13：B16"。

这样利润敏感性分析模型就建立起来了。单击各个影响因素滚动条的箭头，改变其变动幅度，就可以很方便地了解各个因素变动对利润的单独影响程度以及综合影响程度。图 7-23 为各个影响因素的变动率及其对利润影响结果的一个例子，可见，当销售量单独增加 15% 时，利润增加 15.51%；当产品单价单独增加 15% 时，利润增加 38.79%；当单位变动成本减少 15% 时，利润增加 23.27%；当固定成本单独减少 15% 时，利润增加 0.5%。因此，产品单价对利润的影响最大，敏感性最强，其次是单位变动成本和销售量，而固定成本对利润的影响最小。当上述 4 个因素同时朝着使利润增加的方向变动 15% 时，则利润的增加幅度为 87.41%。

7.4 存货的经济订货批量决策模型

存货的决策涉及多方面的内容，包括决定进货项目、选择供货单位、决定进货时间和决定进货批量等,其中最常见的存货决策是确定经济订货批量。

企业购买和储存存货的有关成本包括三部分:

(1) 采购成本,即购买材料等存货所支付的价款。

(2) 订货费用,即为采购存货所花费的各项进货费用,包括采购人员的差旅费、办公费以及存货的运输费用和检验费用等。

(3) 储存费用,即存货在仓库中储存和保管所花费的各项费用,包括存货占用资金的机会成本,仓库人员的工资及办公费,库房的折旧费和维修费,以及存货储存期间的合理损耗等。一定时期内,在存货的需求和采购量一定的情况下,如果供货商没有按订货数量的多少给予价格上的折扣,采购成本是确定的;订货费用与一定时期的订货次数成正比,与一次订货量成反比;储存费用与一定时期的平均存货水平成正比。经济订货批量是指使存货的总成本最低的一次订货批量。

基本的经济订货批量模型建立在下列假设的基础上:

(1) 企业能够瞬时补充存货。

(2) 存货能集中到货。

(3) 不允许缺货。

(4) 一定时期内的存货总需求量确定。

(5) 存货的单价保持不变。

在这些假设的前提下,总存货费用(C)为

$$C = DP + \frac{DA}{Q} + \frac{Q}{2}PK$$

式中 Q——订货批量;

D——一定时期存货的需求量;

A——一次订货费;

P——存货单价;

K——存货的存储费率,PK 为单位存储费用。

C 对 Q 求导数,并令 $\frac{dC}{dQ} = 0$,即得存货的经济订货批量为 $Q^* = \sqrt{\frac{2DA}{PK}}$。在此基础上,还可以进一步计算出一定时期内最佳的订货次数为 $N^* = \frac{D}{Q^*}$。一定时期内存货的最低订储费用(订货费用和储存费用合计)为 $T^* = \sqrt{2DAPK}$。

【例7-4】 特福公司需采购某零件,全年需求量为 15000 件,每次订货成本为 500 元,单件零件的年储存成本为 30 元,当订货量为 900 件。要求:

第7章 确定型决策模型

（1）计算年订货成本、年储存成本、年总成本。
（2）计算经济订货量及经济订货量时的年总成本。
（3）在图形中反映出当订货量从400件（按增量100件）变化到1400件时年订货成本、年储存成本、年总成本的值。

我们先建立出相关数据的 Excel 模型，录入数据，如图 7-26 所示。然后按照如下步骤进行：

	A	B	C
1			
2		年需求量(D)/件	15000
3		一次订货的订货成本(k)/元	500
4		单位年储存成本(h)/元	30
5			
6		订货量(Q)/件	900.0
7		年订货成本/元	
8		年储存成本/元	
9		年总成本/元	
10			
11		经济订货量(EOQ)/元	
12		EOQ下的年订货成本/元	
13		EOQ下的年储存成本/元	
14		EOQ下的年总成本/元	

图 7-26　经济订货量模型建立

第 1 步，计算年订货成本、年存储成本、总成本、并计算经济订货量及经济订货量时的年订货成本，年存储成本总成本的值，在相关单元格中输入公式，如表 7-1 所示。

表 7-1　单元格与对应公式

单元格	公式	单元格	公式
C7	= C2/C6 * C3	C12	= C2/C11 * C3
C8	= C4 * C6/2	C13	= C11/2 * C4
C9	= C7 + C8	C14	= C12 + C13
C11	= SQRT（2 * C2 * C3/C4）		

其计算结果如图 7-27 所示。

第 2 步，建立以订货量为自变量，以年订货成本、年存储成本，年总成本为因变量的唯一模拟运算表，手动创建模型，如图 7-28 所示。

E3 到 H3 分别引用 C6 到 C9 的值，选定 E3 到 H16，单击"数据"→"模拟分析"→"模拟运算表"，在弹出的"模拟运算表"对话框中，列单元格拾取 C6，单击"确定"，如图 7-29 所示。

	A	B	C
1			
2		年需求量(D)/件	15000
3		一次订货的订货成本(k)/元	500
4		单位年储存成本(h)/元	30
5			
6		订货量(Q)/件	900.0
7		年订货成本/元	8333.3
8		年储存成本/元	13500.0
9		年总成本/元	21833.3
10			
11		经济订货量(EOQ)/元	707.1
12		EOQ下的年订货成本/元	10606.6
13		EOQ下的年储存成本/元	10606.6
14		EOQ下的年总成本/元	21213.2

图 7-27　相关数据录入

	A	B	C	D	E	F	G	H
1								
2		年需求量(D)/件	15000		订货量/件	年订货成本/元	年储存成本/元	年总成本/元
3		一次订货的订货成本(k)/元	500					
4		单位年储存成本(h)/元	30		200			
5					300			
6		订货量(Q)/件	900.0		400			
7		年订货成本/元	8333.3		500			
8		年储存成本/元	13500.0		600			
9		年总成本/元	21833.3		700			
10					800			
11		经济订货量(EOQ)/元	707.1		900			
12		EOQ下的年订货成本/元	10606.6		1000			
13		EOQ下的年储存成本/元	10606.6		1100			
14		EOQ下的年总成本/元	21213.2		1200			
15					1300			
16					1400			

图 7-28　模拟运算表建立

模拟运算表

输入引用行的单元格(R)：
输入引用列的单元格(C)： $C$6

确定　　取消

图 7-29　模拟运算表对话框

创建完的试算表格如图 7-30 所示。

	A	B	C	D	E	F	G	H
			H16		{=TABLE(,C6)}			
1								
2		年需求量(D)/件	15000		订货量/件	年订货成本/元	年储存成本/元	年总成本/元
3		一次订货的订货成本(k)/元	500			8333.3	13500.0	21833.3
4		单位年储存成本(h)/元	30		200	37500.0	3000.0	40500.0
5					300	25000.0	4500.0	29500.0
6		订货量(Q)/件	900.0		400	18750.0	6000.0	24750.0
7		年订货成本/元	8333.3		500	15000.0	7500.0	22500.0
8		年储存成本/元	13500.0		600	12500.0	9000.0	21500.0
9		年总成本/元	21833.3		700	10714.3	10500.0	21214.3
10					800	9375.0	12000.0	21375.0
11		经济订货量(EOQ)/元	707.1		900	8333.3	13500.0	21833.3
12		EOQ下的年订货成本/元	10606.6		1000	7500.0	15000.0	22500.0
13		EOQ下的年储存成本/元	10606.6		1100	6818.2	16500.0	23318.2
14		EOQ下的年总成本/元	21213.2		1200	6250.0	18000.0	24250.0
15					1300	5769.2	19500.0	25269.2
16					1400	5357.1	21000.0	26357.1

图 7-30　填充模拟运算表

第 3 步，制作图形。根据模拟运算表数据绘制表示经济订货量概念的年总成本随订货量的变化曲线，选定 E2 到 H16，单击"插入"→"散点图"→"无数据散点图"，并将图例设置为底部，加上表头，如图 7-31 所示。

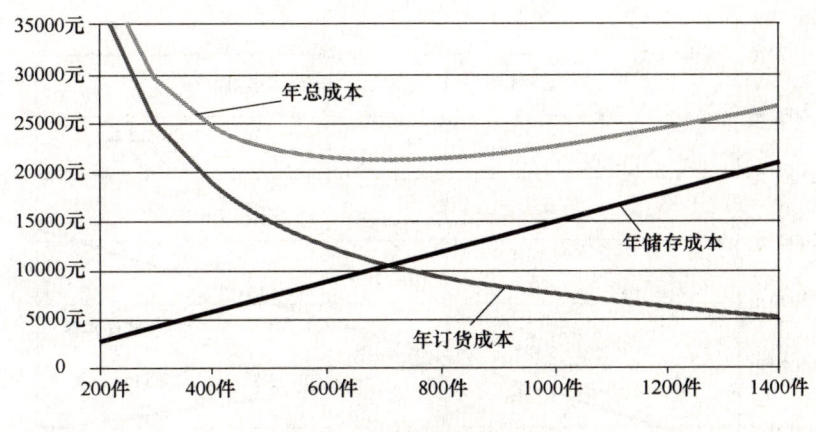

图 7-31　成本曲线的绘制

第 4 步，将此图改造成一个动态图形。为了方便，我们建立 Excel 模型所需要的辅助区域，创建当前订货量垂直参考线和经济订货量垂直参考线，如

图 7-32 所示。

	B	C	D	E	F	G	H
1							
2	年需求量(D)/件	15000		订货量/件	年订货成本/元	年储存成本/元	年总成本/元
3	一次订货的订货成本(k)/元	500			8333.3	13500.0	21833.3
4	单位年储存成本(h)/元	30		200	37500.0	3000.0	40500.0
5				300	25000.0	4500.0	29500.0
6	订货量(Q)/件	900.0		400	18750.0	6000.0	24750.0
7	年订货成本/元	8333.3		500	15000.0	7500.0	22500.0
8	年储存成本/元	13500.0		600	12500.0	9000.0	21500.0
9	年总成本/元	21833.3		700	10714.3	10500.0	21214.3
10				800	9375.0	12000.0	21375.0
11	经济订货量(EOQ)/元	707.1		900	8333.3	13500.0	21833.3
12	EOQ下的年订货成本/元	10606.6		1000	7500.0	15000.0	22500.0
13	EOQ下的年储存成本/元	10606.6		1100	6818.2	16500.0	23318.2
14	EOQ下的年总成本/元	21213.2		1200	6250.0	18000.0	24250.0
15				1300	5769.2	19500.0	25269.2
16				1400	5357.1	21000.0	26357.1
17							
18	当前订货量垂直参考线			经济订货量垂直参考线			
19		900	35000.0		707.1	35000.0	
20		900	8333.3		707.1	10606.6	
21		900	13500.0		707.1	21213.2	
22		900	21833.3		707.1	0.0	
23		900	0.0				

图 7-32 建立参考线

加入参考线和数据标签，具体做法参考 7.2 节的方法，这里不再赘述。其结果如图 7-33 所示。

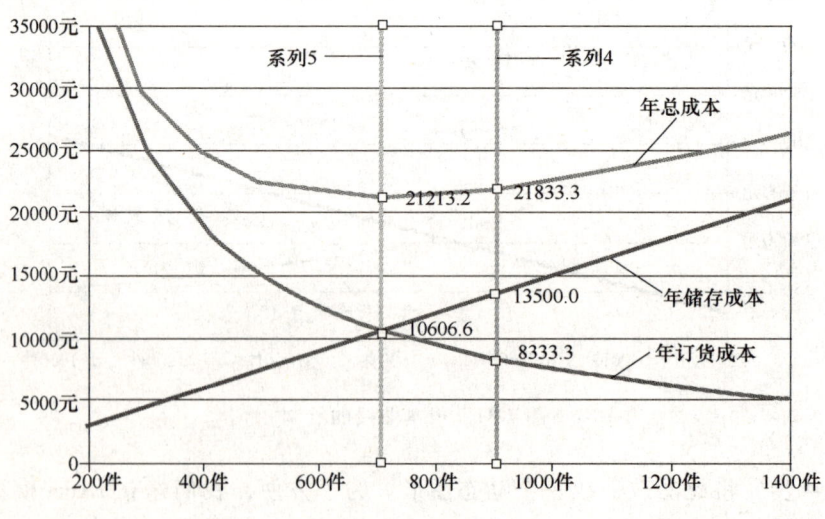

图 7-33 添加数据标签

第 5 步，制作动态模型。具体方法参照 7.2 节案例 2，加入表头，并进行线条颜色细节的调整，可以发现，图 7-33 中的线条有明显的折点，在线条设置中勾选"平滑"选项即可处理，其结果如图 7-34 所示。

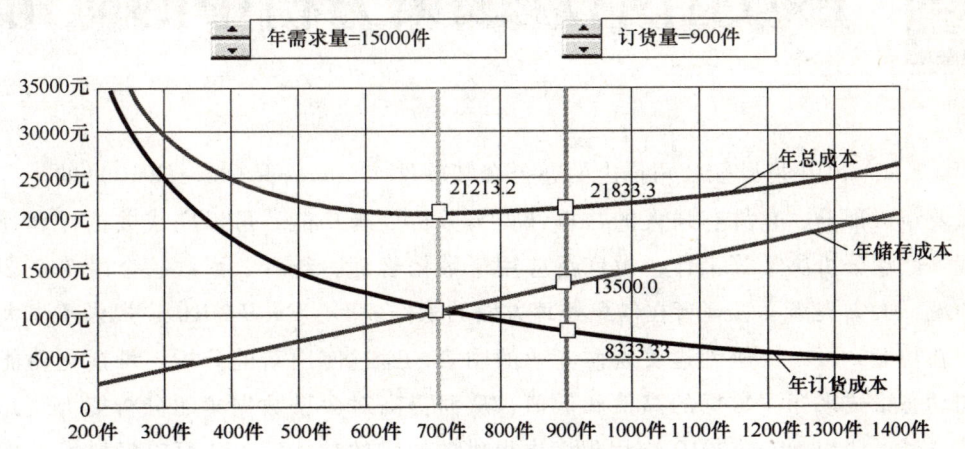

图 7-34　经济订货量的动态模型

此时，单击"年需求量"和"订货量"按钮，就可以动态地观察各曲线的变动情况了。

第 8 章 Excel 在管理决策分析中的应用

Excel 2010 是微软公司推出的办公套装软件（Microsoft Office 2010）的一个重要组成部分，它具有强大的数据计算与分析处理功能，可以完成数据计算处理、数据分析决策等工作，被广泛应用于数据管理、统计、财政、金融等众多领域，大大提高了管理者在信息处理方面的工作效率。Excel 2010 还提供了强大的新功能，可以快速创建美观而专业的图表，通过使用新的分析、可视化功能和动态格式来标注数据的高值和低值，从而提高对大型数据集的分析能力。此外，通过使用 Office 2010 应用程序中提供的改进的功能区，还可以轻松发现更多命令。

8.1 Excel 2010 概述

8.1.1 Excel 2010 的数据输入类型

Excel2010 有 5 种数据输入的类型：

1. 文本型数据及输入

文本型数据通常是指字符或文字。在信息处理中要对大量的文本型数据进行处理，在默认状态时，所有文字型数据在 Excel 2010 单元格中均是左对齐。

在 Excel 2010 当前单元格中，一般文字如字母、汉字等直接输入即可；如果输入的字符串的首字符是"="号，则应先输入一个半角字符状态下的单引号"'"，再输入等号和其他字符；如果输入的文字是邮政编码、电话号码之类的文本型数字，也要先输入半角字符状态下的单引号"'"，再输入数字。输入文字时，文字会出现在活动单元格和编辑栏中。

2. 数字（值）型数据及输入

在 Excel 2010 中，数字只能为下列字符：0～9、+（正号）、-（负号）、,（千位分隔样式）、/、$、%（百分位）、.（小数点），Excel 2010 将忽略数字前面的"+"(正号),并将单个英文句号"."视作小数点,所有其他数字与非数字的组合均作为文本处理。

(1) 输入分数时,应在分数前输入 0(零)及一个空格,如分数 3/8 应输入"0 3/8"。如果直接输入 3/8 或 03/8,系统则将把它视作日期,认为是 3 月 8 日。

(2) 输入负数时,应在负数前输入减号,或将其置于括号中。如 -8 应输入"-8 或(8)"。

(3) 在数字间可以用千分位号","隔开,如输入"12,002"。

3. 日期和时间型数据及输入

一般情况下,日期分隔符使用"/"或"-"。如果只输入月和日,Excel 2010 将取计算机内部时钟的年份作为默认值。

(1) 时间分隔符一般使用冒号。如果要基于 12 小时制输入时间,则在时间(不包括只有小时数和冒号的时间数据)后输入一个空格,然后输入 AM 或 PM(也可以是 A 或 P),用来表示上午或下午。否则,Excel 2010 将基于 24 小时制计算时间。

(2) 如果要输入当天的日期,则按 Ctrl + ;(分号)。如果要输入当前的时间点,则按 Ctrl + Shift + :(冒号)。

(3) 如果在单元格中既输入日期又输入时间,则中间必须用空格隔开。

4. 自动填充数据

填充相同的数字型或不具有增减可能的文字型数据时可单击填充内容所在的单元格,将鼠标移到填充柄上,当鼠标指针变成黑色十字形时,按住 Ctrl 键的同时,鼠标左键拖动到所需的位置,松开鼠标,所经过的单元格将都被填充上相同的数据。拖动时,上、下、左、右均可。

5. 创建自定义序列

如果已经输入了将要用作填充序列的数据清单,则可以先选定工作表中相应的数据区域。接着,单击"文件"菜单中的"选项"命令,单击"高级",在"常规"中单击"编辑自定义列表"选项卡。然后,单击"导入"按钮,即可使用选定的数据清单,最后再次单击"导入"→"确定"之后才算完成,如图 8-1 所示。

8.1.2 编辑工作表

1. 浏览工作表

(1) 窗口的拆分。先选择一个单元格,再单击"视图"菜单的"拆分"命令。如果要将拆分后的窗格还原成一个窗口,则可以双击分割条上的任意点,或者再次单击"视图"菜单的"拆分"命令。

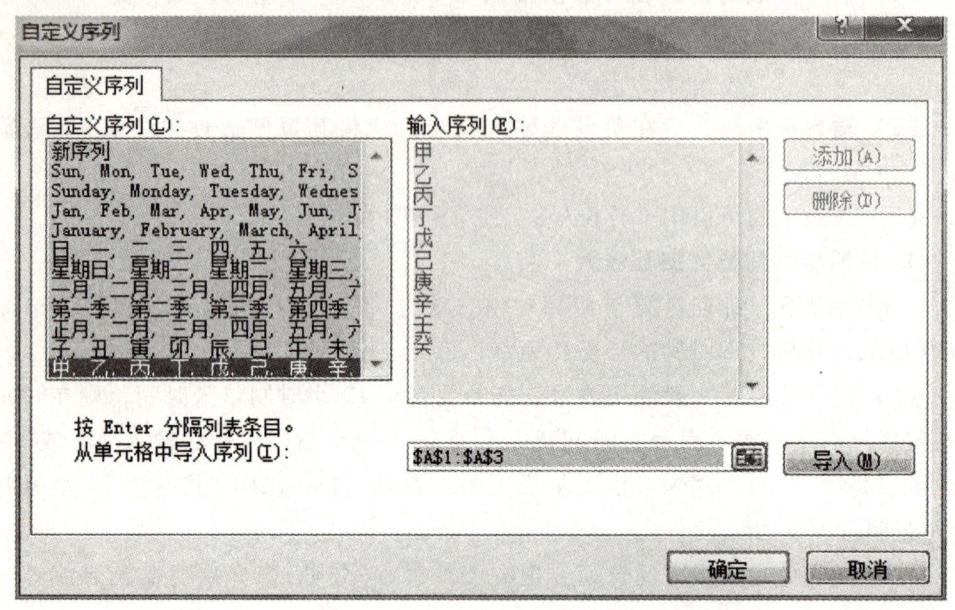

图 8-1 创建自定义序列

(2) 隐藏行或列。右击需要隐藏的行(列)号,在弹出的快捷菜单中单击"隐藏"命令。

(3) 行或列的锁定(冻结)。如果要在窗口顶部生成水平冻结窗格,则选定待冻结处的下边一行,如若想冻结 1 至 4 行,则选定第 5 行,单击"视图"菜单中的"冻结窗格"命令;如果要在窗口左侧生成垂直冻结窗格,则选定待冻结处的右边一列;如果要同时生成顶部和左侧冻结的窗格,则单击待拆分处右下方的单元格,然后,选择"视图"菜单下的"冻结拆分窗格"命令。

2. 格式化工作表

在 Excel 2010 中,用户可以自动套用系统提供的工作表格式,也可以自行设置工作表格式。工作表格式设置包括行高、列宽设置,数字格式设置,字体设置,对齐方式设置,显示方式设置,单元格样式设置等。

(1) 格式化数据。单元格的数据格式定义包括六部分:数字、对齐、字体、边框、填充和保护。单元格数据的格式化操作必须先选择要进行格式化的单元格或单元格区域,然后才能进行相应的格式化操作。Excel 2010 对单元格数据的格式化操作可使用对话框单元格格式设置、格式工具按钮设置、格式刷复制三种方法。

（2）使用设置单元格格式对话框。先选择要进行格式化的单元格或单元格区域，然后选择"开始"菜单→"格式"→"设置单元格格式"命令（或者在右击弹出的快捷菜单中选择"设置单元格格式"命令），或者先选择需要格式化的单元格然后按下"Ctrl + 1"组合键，都将出现如图 8-2 所示的"设置单元格格式"对话框。

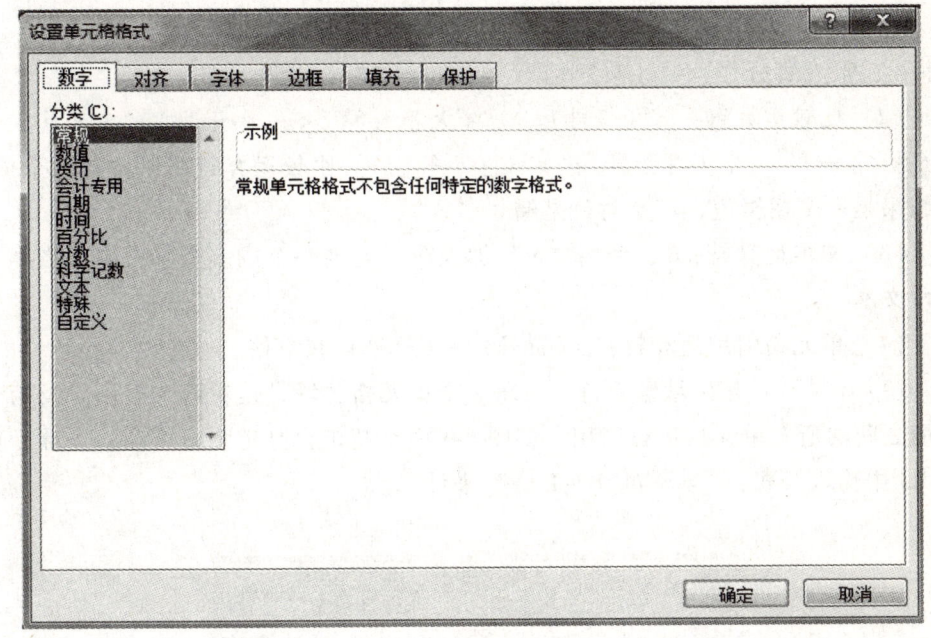

图 8-2　格式化单元格

在"数字"选项卡中，可以对各种类型的数据进行相应的显示格式设置；在"对齐"选项卡中，可以对单元格中的数据进行水平对齐、垂直对齐以及方向的格式设置；在"字体"选项卡中，可以对字体、字形、大小、颜色等进行格式定义；在"边框"选项卡中，可以对单元格的外边框以及边框类型、颜色等进行格式定义；在"填充"选项卡中，可以对单元格底纹的颜色和图案等进行定义；在"保护"选项卡中，可以进行单元格的保护设置。

8.1.3　使用公式

Excel 2010 之所以在数据处理方面具有独到之处，这和它所具有的强大的计算功能分不开。公式是 Excel 2010 的灵魂和核心内容。每当用户输入或者修改数据之后，公式便会自动地或者在用户操作之后重新将有关数据计算一遍，并将最新结果显示在屏幕上。

Excel 2010 中的公式包括三个部分：①＝符号：表示用户输入的内容是公式而不是数据（注意输入公式必须以＝开头）；②运算符：用以指明公式中元素进行计算的类型；③参与计算的元素（运算数）：每个运算数可以是不改变的数值（常量数值）、单元格或单元格区域引用、标志、名称或函数。

1. 公式中的运算符类型

（1）算术运算符：＋（加号）、－（减号或负号）、＊（星号或乘号）、／（除号）、％（百分号）、^（乘方）。

（2）比较运算符：＝（等号）、＞（大于号）、＜（小于号）、＞＝（大于等于号）、＜＝（小于等于号）、＜＞（不等于）。比较运算符用以比较两个值，其结果是一个逻辑值，不是对就是错。

（3）文本运算符：&，使用"&"加入或者连接一个或多个字符串以产生一大段文本。

（4）单元格引用运算符：：（冒号）、，（逗号）和空格。

1）：（冒号）是区域运算符，表示一个单元格区域，是对两个引用以及两个引用之间的所有单元格进行引用。如图 8-3 中某超市食品定购量求和的计算，可在 E3 中输入公式："＝SUM（B3：D3）"来计算。

	A	B	C	D	E
1					
2	产品名称	库存量	订购量	再订购量	
3	可乐/听	39	12	10	61

图 8-3　区域运算符冒号的作用

2），（逗号）是并集运算符，将多个引用合并为一个引用。如图 8-4 中，在 B12 中输入"＝SUM（B3：B11，C3：C8）"，计算出的结果是库存量与再订购量的和。

3）空格：空格是交集运算符，只处理各单元格区域中共有的单元格中的数据。例如，在上例中若输入"＝SUM（B2：C10 C2：D10）"，结果是"110"，和输入"＝SUM（C2：C10）"的结果一样。因为"C2：C10"是公共区域，如图 8-5 所示。

B12　=SUM(B3:B11,C3:C8)

	A	B	C	D
1				
2	产品名称	库存量	再订购量	
3	苹果汁/瓶	39	10	
4	牛奶/瓶	17	27	
5	番茄酱/瓶	13	25	
6	盐/袋	53	0	
7	麻油/瓶	0	0	
8	酱油/瓶	120	25	
9	海鲜粉/袋	15		
10	胡椒粉/袋	6		
11	鸡/只	29		
12		379		

图 8-4　区域运算符逗号的作用

B11　=SUM(B2:C10 C2:D10)

	A	B	C	D	E	F
1	产品名称	库存量	订购量	再订购量		
2	苹果汁/瓶	39	0	10		
3	牛奶/瓶	17	40	25		
4	番茄酱/瓶	13	70	25		
5	盐/袋	53	0	0		
6	麻油/瓶	0	0	0		
7	酱油/瓶	120	0	25		
8	海鲜粉/袋	15	0	10		
9	胡椒粉/袋	6	0	0		
10	鸡/只	29	0	0		
11		110				

图 8-5　区域运算符空格的作用

2. 公式中的运算次序

(1)：(冒号)，(逗号)（空格）引用运算符。

(2) -（负号）（如 -1）。

(3)%（百分比）。

(4) ^（乘幂）。

(5) *（乘）/（除）。

(6) +（加） -（减）。

(7) &（连接符）。

(8) =，< >，< =，> =，< >（比较运算符）。

对于优先级相同的运算符，则从左到右进行计算。如果要修改计算的顺序，则应把公式中需要首先计算的部分括在圆括号内。

3. 输入和编辑公式

单击将要在其中输入公式的单元格，输入等号，或者通过单击"公式"中的"插入函数"按钮自动插入一个等号，接着输入公式内容，最后按回车键确认。

注意：

（1）运算符必须要在英文半角状态下输入。

（2）公式的运算尽量要用单元格地址，以便于复制引用公式。例如，在图 8-6 的 E3 单元格中输入"＝B3＋C3＋D3"后回车，得到结果为 61。

公式中单元格地址的输入既可以直接敲出（如 E3）；也可以采用单击相应的单元格的方法来得到相应的公式单元格地址（如单击 E3 单元格便可在公式中出现 E3）；某些时候可将题目中的公式直接复制到 Excel 2010 中的单元格的"＝"后面，也能算出结果。

如果需要继续求和，相应单元格的公式不必一一输入，可使用"自动填充"得到，如图 8-6 所示。

	A	B	C	D	E
1	产品名称	库存量	订购量	再订购量	
2	果汁/瓶	39	12	10	61
3	牛奶/瓶	17	40	25	82
4	番茄酱/瓶	13	70	25	108
5	盐/袋	53	0	0	53
6	麻油/瓶	0	0	0	0
7	酱油/瓶	120	0	25	145
8	海鲜粉/袋	15	0	10	25
9	胡椒粉/袋	6	0	0	6
10	鸡/只	29	0	0	29

图 8-6　公式的自动填充

4. 相对引用和绝对引用

相对引用是指当把一个含有单元格或单元格区域地址的公式复制到新的位置时，公式中的单元格或单元格区域地址将随着改变，公式的值将会依据更改后的单元格或单元格区域地址的值重新计算。

绝对引用是指在公式中的单元格或单元格区域地址不随着公式位置的改变而发生改变。不论公式的单元格处在什么位置，公式中所引用的单元格位置都是其在工作表中的确切位置。绝对单元格引用的形式是在每一个列标及行号前加一个$符号。

混合引用是指单元格或单元格区域的地址部分是相对引用，部分是绝对引用。如 $B2、B $2。

关于相对引用与绝对引用之间的切换：如果创建了一个公式并希望将相对引用更改为绝对引用（反之亦然），则先选定包含该公式的单元格，然后在编辑栏中选择要更改的引用，并按 F4 键。每次按 F4 键时，Excel 2010 会在以下组合间切换：绝对列与绝对行（例如，$C $1），相对列与绝对行（C $1），绝对列与相对行（$C1）以及相对列与相对行（C1）。例如，在公式中选择地址 $A $1 并按 F4 键，引用将变为 A $1。再一次按 F4 键，引用将变为 $A1，以此类推。

8.1.4 使用函数

函数是 Excel 2010 预设好的公式有 9 类，共几百种函数，包括了自动求和、最近使用的函数、财务、逻辑、文本、日期与时间、查找与引用、数字与三角函数、其他函数等方面。

函数的结构以函数名称开始，后面是左圆括号、以逗号分隔的参数和右圆括号。如果函数以公式的形式出现，则应在函数名称前面输入"="。

函数的输入方法：

（1）从键盘上直接输入函数。

（2）使用"开始"中的"Σ 自动求和"下拉按钮找到"其他函数"，或单击"公式"选择"插入函数"命令。

8.2 公式及函数的高级应用

公式和函数是 Excel 2010 最基本、最重要的应用工具，是 Excel 2010 的核心。因此，只有对公式和函数熟练掌握，才能在实际应用中得心应手。

数组公式就是可以同时进行多重计算并返回一种或多种结果的公式。在数组公式中，使用两组或多组数据称为数组参数，数组参数可以是一个数据区域，也可以是数组常量。数组公式中的每个数组参数必须有相同数量的行和列。

8.2.1 数组公式的输入、编辑及删除

1. 数组公式的输入

数组公式的输入步骤如下：

（1）选定单元格或单元格区域。如果数组公式将返回一个结果，则单击需要输入数组公式的单元格；如果数组公式将返回多个结果，则要选定需要输入

数组公式的单元格区域。

（2）输入数组公式。

（3）同时按"Ctrl + Shift + Enter"组合键，则 Excel 2010 将自动在公式的两边加上大括号。

特别要注意的是，第（3）步相当重要，只有输入公式后同时按"Ctrl + Shift + Enter"组合键，系统才会把公式视为一个数组公式。否则，如果只按 Enter 键，则输入的只是一个简单的公式，也只在选中的单元格区域的第 1 个单元格显示出一个计算结果。

在数组公式中，通常都使用单元格区域引用（也可以直接键入数值数组），这样键入的数值数组被称为数组常量。当不想在工作表中按单元格逐个输入数值时，可以使用这种方法。如果要生成数组常量，必须按如下操作：

（1）直接在公式中输入数值，并用"｛｝"括起来。

（2）不同列的数值用","分开。

（3）不同行的数值用";"分开。

下面举例说明输入数组常量的方法。要在单元格 A1：D1 中分别输入 10，11，12 和 13 这 4 个数值，则可采用下述的步骤：选取单元格区域 A1：D1，如图 8-7 所示；在公式编辑栏中输入数组公式"= ｛10, 11, 12, 13｝"，如图 8-8 所示；同时按 Ctrl + Shift + Enter 组合键，即可在单元格 A1、B1、C1、D1 中分别输入了 10、11、12、13，如图 8-9 所示。

图 8-7　选取单元格区域 A1：D1

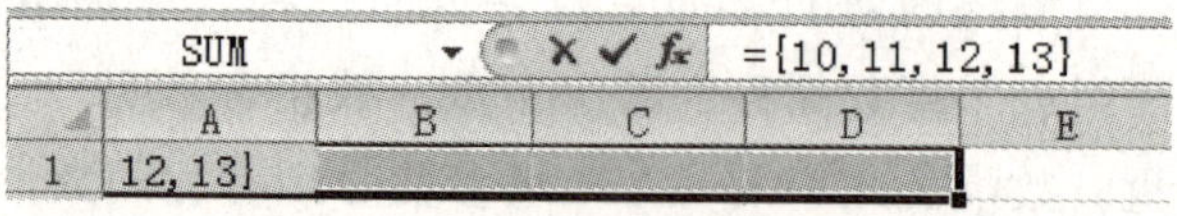

图 8-8　在编辑栏中输入数组公式

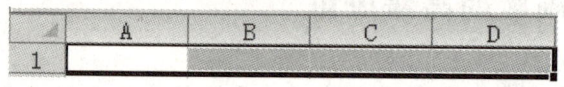

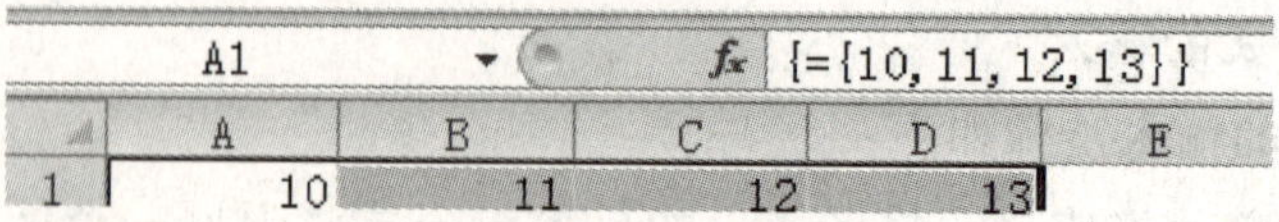

图 8-9　数组常量

假如要在单元格 A1、B1、C1、D1、A2、B2、C2、D2 中分别输入 110、120、130、140、150、160、170、180，则可以采用下述的方法：选取单元格区域 A1：D2，如图 8-10 所示；在编辑栏中输入公式"={110，120，130，140；150，160，170，180}"，如图 8-11 所示；按"Ctrl + Shift + Enter"组合键，就会在单元格 A1、B1、C1、D1、A2、B2、C2、D2 中分别输入 110、120、130、140 和 150、160、170、180，如图 8-12 所示。

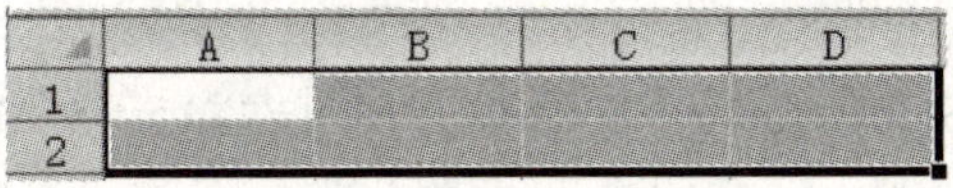

图 8-10　选取单元格区域 A1：D2

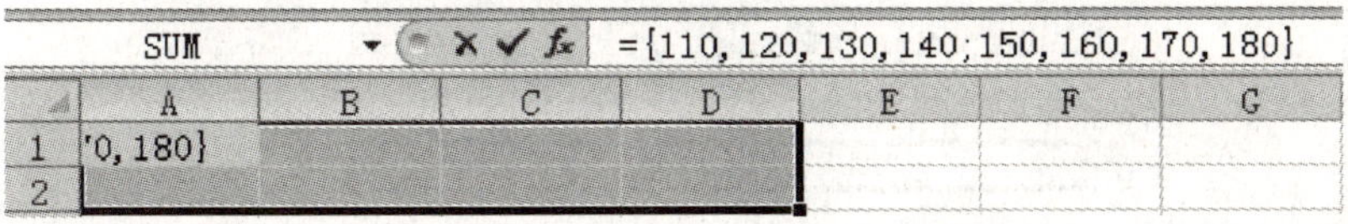

图 8-11　在编辑栏中输入数组公式

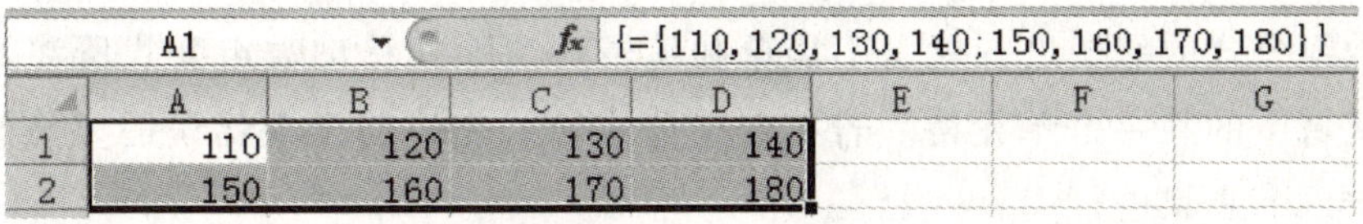

图 8-12　同时按"Ctrl + Shift + Enter"组合键得到数组常量

下面举例说明输入公式数组的方法，在单元格 A3：D3 中均有相同的计算公式，它们分别为单元格 A1：D1 与单元格 A2：D2 中数据的和，即单元格 A3 中的公式为"=A1 + A2"，单元格 B3 中的公式为"=B1 + B2"，依次类推。此时则可以采用数组公式的方法输入公式，具体方法如下：选取单元格区域 A3：D3，如图 8-13 所示。

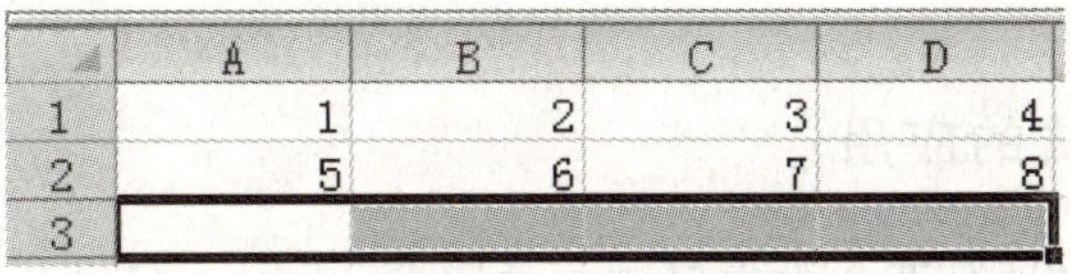

图 8-13　选取单元格区域 A3：D3

在公式编辑栏中输入数组公式"=A1：D1+A2：D2",如图 8-14 所示。

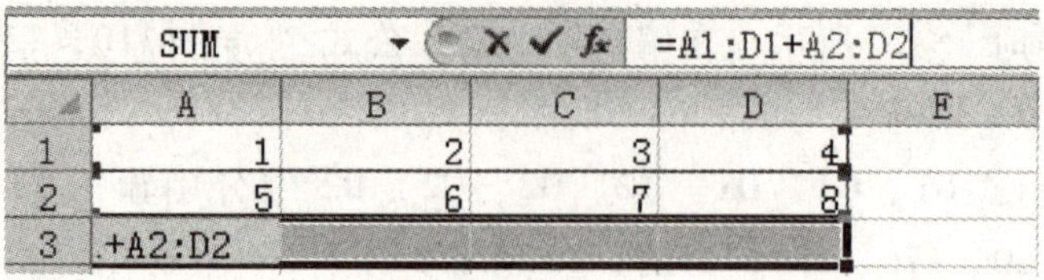

图 8-14　在编辑栏中输入数组公式

同时按"Ctrl + Shift + Enter"组合键,即可在单元格 A3：D3 中得到数组公式"=A1：D1+A2：D2",如图 8-15 所示。

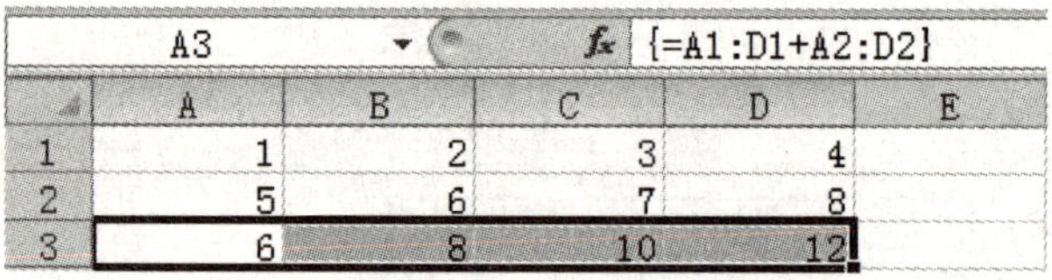

图 8-15　同时按"Ctrl + Shift + Enter"组合键,得到数组公式

2. 编辑数组公式

数组公式的特征之一就是不能单独编辑、清除或移动数组公式所涉及的单元格区域中的某一个单元格。若在数组公式输入完毕后发现错误需要修改,则需要按以下步骤进行：

（1）在数组区域中单击任一单元格。

（2）单击公式编辑栏,当编辑栏被激活时,"｛｝"在数组公式中消失。

（3）编辑数组公式内容。

（4）修改完毕后,按"Ctrl + Shift + Enter"组合键。要特别注意这一步,不要遗漏。

3. 删除数组公式

删除数组公式的步骤是：先选定存放数组公式的所有单元格,然后按"Delete"键进行删除。

8.2.2　数组公式的应用

1. 用数组公式计算两个数据区域的乘积

【例 8-1】　如图 8-16 所示,已经知道 12 个月的销售量和产品单价,则可以

第 8 章　Excel 在管理决策分析中的应用

利用数组公式计算每个月的销售额。

	A	B	C	D	E	F	G	H	I	J	K	L	M
1	月份	1	2	3	4	5	6	7	8	9	10	11	12
2	单价/元	15.00	19.00	10.00	22.00	21.35	25.00	30.00	40.00	97.00	21.00	31.00	21.00
3	销售量/件	41	17	13	121	16	0	9	22	86	44	23	97
4	销售额/元													

图 8-16　用数组公式计算销售额

具体步骤如下，如图 8-17 所示。
（1）选取单元格区域 B4：M4。
（2）在编辑栏输入公式"=B2：M2＊B3：M3"。
（3）按"Ctrl + Shift + Enter"组合键。

B4　　fx　{=B2:M2*B3:M3}

	A	B	C	D	E	F	G	H	I	J	K	L	M
1	月份	1	2	3	4	5	6	7	8	9	10	11	12
2	单价/元	15.00	19.00	10.00	22.00	21.35	25.00	30.00	40.00	97.00	21.00	31.00	21.00
3	销售量/件	41	17	13	121	16	0	9	22	86	44	23	97
4	销售额/元	615	323	130	2662	341.6	0	270	880	8342	924	713	2037

图 8-17　用数组公式计算销售额的结果

如果需要计算 12 个月的月平均销售额，可在单元格 B5 中输入公式"= AVERAGE（B2：M2＊B3：M3）"，然后按"Ctrl + Shift + Enter"组合键即可，如图 8-18 所示。

B5　　fx　{=AVERAGE(B2:M2*B3:M3)}

	A	B	C	D	E	F	G	H	I	J	K	L	M
1	月份	1	2	3	4	5	6	7	8	9	10	11	12
2	单价/元	15.00	19.00	10.00	22.00	21.35	25.00	30.00	40.00	97.00	21.00	31.00	21.00
3	销售量/件	41	17	13	121	16	0	9	22	86	44	23	97
4	销售额/元	615	323	130	2662	341.6	0	270	880	8342	924	713	2037
5	平均销售额	1436.47											

图 8-18　数组公式计算平均销售额

在数组公式中，可以将某一常量与数组公式进行加、减、乘、除，也可以对数组公式进行乘幂、开方等运算。例如在图 8-18 中，若每月的单价相同，故我们也可以在单元格 B4：M4 中输入公式"= B2：M2＊M3"，然后按"Ctrl + Shift + Enter"组合键；在单元格 B5 中输入公式"= AVERAGE（B2：M2＊M3）"，然后按"Ctrl + Shift + Enter"组合键。

在使用数组公式计算时，最好将不同的单元格区域定义为不同的名称，如在图 8-18 中，将单元格区域 B2：M2 定义名称为"销售量"，单元格区域 B3：

M3 定义名称为"单价",则各月的销售额计算公式为"=销售量*单价",月平均销售额计算公式为"=AVERAGE(销售量*单价)",这样将有效减少出错率。

2. 用数组公式计算多个数据区域的和

当需要把多个对应的行或列的数据进行加减运算,并得出与之对应的一行或一列数据时,也可以使用数组公式来完成。

【例 8-2】 某超市 2008 年销售的 3 种产品的有关资料如图 8-19 所示,则可以利用数组公式计算该超市 2008 年的总销售额,具体方法如下:

(1) 选取单元格区域 C8:N8。

(2) 输入公式"=C2:N2*C3:N3+C4:N4*C5:N5+C6:N6*C7:N7"。

(3) 同时按"Ctrl+Shift+Enter"组合键。

	A	B	C	D	E	F	G	H	I	J	K	L	M	N
1		月份	1	2	3	4	5	6	7	8	9	10	11	12
2	白米	销售量/kg	32604	2669	8663	5408	6912	2931	8335	1724	629	35775	7314	2076
3		单价/元	2.1	2.1	2.1	2.1	2.1	2.1	2.1	2.1	2.1	2.1	2.1	2.1
4	日用品	销售量/件	9373	9186	9092	3518	6738	2981	13063	4260	20505	5273	8056	6034
5		单价/元	25.5	25.5	25.5	25.5	25.5	25.5	25.5	25.5	25.5	25.5	25.5	25.5
6	调味品	销售量/瓶	6936	1001	45175	15507	8507	10507	9607	87607	5507	21007	2309	31507
7		单价/元	5.25	5.25	5.25	5.25	5.25	5.25	5.25	5.25	5.25	5.25	5.25	5.25
8		销售额/元	343893.9	245103.2	487207.1	182477.6	230996	137332.4	401046.8	572187.2	553110.2	319875.8	232909.7	323638.4

图 8-19 某超市的月销售总额计算结果

3. 用数组公式同时对多个数据区域进行相同的计算

【例 8-3】 某超市对现有三种商品实施降价销售,产品原价如图 8-20 所示,降价幅度为 20%,则可以利用数组公式进行计算,其步骤如下:

(1) 选取单元格区域 G3:I8。

(2) 输入公式"=B3:D8*(1-20%)"。

(3) 同时按 Ctrl+Shift+Enter 组合键。

	A	B	C	D	E	F	G	H	I
1			产品原价/元					降价后的产品价格/元	
2	产品规格	日用品	电风扇	电磁炉		产品规格	日用品	电风扇	电磁炉
3	规格1	18.00	130.00	123.00		规格1	14.4	104	98.4
4	规格2	19.00	140.00	263.50		规格2	15.2	112	210.8
5	规格3	10.00	197.00	198.00		规格3	8	157.6	158.4
6	规格4	22.00	150.00	363.00		规格4	17.6	120	290.4
7	规格5	21.35	121.00	235.00		规格5	17.08	96.8	188
8	规格6	25.00	138.00	413.00		规格6	20	110.4	330.4

图 8-20 产品降价计算

此外，在对结构相同的不同工作表数据进行合并汇总处理时，利用上述方法也是非常方便的。

8.3 常用函数及其应用

前面介绍了一些有关函数的基本知识，本节将对在管理中常用的一般函数及应用进行说明。

8.3.1 SUM 函数、SUMIF 函数和 SUMPRODUCT 函数

在管理实践中，应用最多的是求和函数。求和函数有三个：无条件求和 SUM 函数、条件求和 SUMIF 函数和多组数据相乘求和 SUMPRODUCT 函数。

1. 无条件求和 SUM 函数

该函数是用来求 30 个以内参数的和的，其公式见式（8-1）。

$$f_x = \text{SUM}(参数1, 参数2, \cdots, 参数N)(N \leq 30) \qquad (8-1)$$

当对某一行或某一列的连续数据进行求和时，还可以使用工具栏中的自动求和按钮"Σ▼"。例如，求全年的销售量，则可以单击单元格 N2，然后再单击求和按钮"Σ▼"，按回车键即可，如图 8-21 所示。

	A	B	C	D	E	F	G	H	I	J	K	L	M	N
1	月份	1	2	3	4	5	6	7	8	9	10	11	12	
2	销售量	1024	768	1209	563	3321	2119	986	862	3128	782	3771	999	19532

图 8-21　自动求和

2. 条件求和 SUMIF 函数

SUMIF 函数的功能是根据指定条件对若干单元格求和，其公式见式（8-2）。

$$f_x = \text{SUMIF}(range, criteria, sum\_range) \qquad (8-2)$$

式中　range——用于条件判断的单元格区域；

　　　criteria——确定单元格相加求和的条件，其形式可以为数字、表达式或文本；

　sum_range——需要求和的实际单元格。

只有当 range 中的相应单元格满足条件时，才能对 sum_range 中的单元格求和。如果省略 sum_range，则直接对 range 中的单元格求和。利用这个函数进行分类汇总是很有用的。

【例 8-4】 某商场 2 月份的一些商品销售流水记录如图 8-22 所示,则在单元格 K3 中输入公式 "=SUMIF(C3:C10,311,F3:F10)",单元格 K4 中输入公式 "=SUMIF(C3:C10,315,F3:F10)",在单元格 K5 中输入公式 "=SUMIF(C3:C10,312,F3:F10)",单元格 K6 中输入公式 "=SUMIF(C3:C10,320,F3:F10)",即可得到分类销售额汇总表单,如图 8-22 所示。

	A	B	C	D	E	F	G	H	I	J	K
1		2月份销售额								2月份销售汇总	
2	日期	商品名称	商品代码	单价/元	数量/kg	金额/元			商品类别		金额/元
3	2月1日	巧克力	311	14	76	1064			巧克力		2016
4	2月2日	巧克力	311	14	52	728			麦片		567
5	2月3日	麦片	315	9	63	567			绿茶		12887
6	2月4日	绿茶	312	263	17	4471			鸡精		585
7	2月5日	绿茶	312	263	21	5523					
8	2月6日	鸡精	320	15	39	585					
9	2月7日	巧克力	311	14	16	224					
10	2月8日	绿茶	312	263	11	2893					

图 8-22 商品销售额分类汇总

当需要分类汇总的数据很多时,利用 SUMIF 函数是很方便的。

3. SUMPRODUCT 函数

SUMPRODUCT 函数的功能是在给定的几组数组中,将数组间对应的元素相乘,并返回乘积之和,其公式见式 (8-3)。

$$f_x = \text{SUMPRODUCT}(array1, array2, array3, \ldots) \tag{8-3}$$

式中 array1, array2, array3, ……—— 1~30 个数组。

需注意的是,数组参数必须具有相同的维数,否则,函数 SUMPRODUCT 将返回错误值 #VALUE!。对于非数值型的数组元素将作为 0 处理。

8.3.2 AVERAGE 函数

AVERAGE 函数的功能是计算给定参数的算术平均值,其公式见式 (8-4)。

$$f_x = \text{AVERAGE}(参数1, 参数2, \cdots, 参数N) \tag{8-4}$$

函数中的参数可以是数字,也可以是涉及数字的名称、数组或引用。如果数组或单元格引用参数中有文字、逻辑值或空单元格,则忽略其值。但是,如果单元格包含零值则计算在内。AVERAGE 函数的使用方法与 SUM 函数相同,此处不再介绍。

8.3.3 MIN 函数和 MAX 函数

MIN 函数的功能是给定参数表中的最小值,其公式见式 (8-5);MAX 函数的功能是给定参数表中的最大值,其公式见式(8-6)。

$$f_x = \text{MIN}(参数1,参数2,\cdots,参数N) \qquad (8\text{-}5)$$

$$f_x = \text{MAX}(参数1,参数2,\cdots,参数N) \qquad (8\text{-}6)$$

函数中的参数可以是数字、空白单元格、逻辑值或表示数值的文字串。例如,MIN(3,5,12,32)=3;MAX(3,5,12,32)=32。

8.3.4 COUNT 函数和 COUNTIF 函数

COUNT 函数的功能是计算给定区域内数值型参数的数目,其公式见式(8-7)。

$$f_x = \text{COUNT}(参数1,参数2,\cdots,参数N) \qquad (8\text{-}7)$$

COUNTIF 函数的功能是计算给定区域内满足特定条件的单元格的数目,其公式见式(8-8)。

$$f_x = \text{COUNTIF}(\text{range},\text{criteria}) \qquad (8\text{-}8)$$

式中　range——需要计算其中满足条件的单元格数目的单元格区域;

　　　criteria——确定哪些单元格将被计算在内的条件,其形式可以为数字、表达式或文本。

COUNT 函数和 COUNTIF 函数在数据汇总统计分析中是非常有用的函数。

8.3.5 IF 函数

IF 函数也称条件函数,它根据参数条件的真假,返回不同的结果。在实践中,经常使用函数 IF 对数值和公式进行条件检测,其公式见式(8-9)。

$$f_x = \text{IF}(\text{logical\_test},\text{value\_if\_true},\text{value\_if\_false}) \qquad (8\text{-}9)$$

式中　logical_test——条件表达式,其结果要么为 TRUE,要么为 FALSE,它可以使用任何比较运算符;

　value_if_true——logical_test 为 TRUE 时返回的值;

　value_if_false——logical_test 为 FALSE 时返回的值。

IF 函数在管理中具有非常广泛的应用。

【例 8-5】 某企业对各个销售部门的销售业绩进行评价,评价标准及各个销售部门在 2002 年的销售业绩汇总如图 8-23 所示,其评价计算步骤如下:

(1) 选定单元格区域 C3:C7。

(2) 直接输入以下公式 "=IF(B3:B7<100000,"差",IF(B3:B7<200000,"一般",IF(B3:B7<300000,"好",IF(B3:B7<400000,"较好","很好"))))"。

(3) 同时按"Ctrl + Shift + Enter"组合键。则各个销售部门的销售业绩评价结果就会显示在单元格区域 C3：C7 中。

也可以直接在单元格 C3 中输入公式"= IF（B3 < 100000,"差", IF（B3 < 200000,"一般", IF（B3 < 300000,"好", IF（B3 < 400000,"较好","很好"）)))"后，将其向下填充复制到 C4 ~ C7 单元格中。

	A	B	C	D	E
1			销售业绩评价结果		
2	销售部门	销售金额	业绩评价等级		评价标准
3	日用品部	90369	差	<100000	差
4	化妆品部	296115	好	100000~200000	一般
5	副食品部	123690	一般	200000~300000	好
6	海鲜品部	303356	较好	300000~400000	较好
7	床上用品部	487716	很好	400000以上	很好

图 8-23　销售部门业绩评价（金额单位：元）

8.3.6　AND 函数、OR 函数和 NOT 函数

这 3 个函数的用法如下：

f_x = AND（条件 1，条件 2，…，条件 N）

f_x = OR（条件 1，条件 2，…，条件 N）

f_x = NOT（条件）

AND 函数表示当所有条件都满足时（即所有参数的逻辑值都为真时），AND 函数返回 TRUE；否则，只要有一个条件不满足即返回 FALSE。OR 函数表示逻辑或，只要有一个条件满足时，OR 函数返回 TRUE，只有当所有条件都不满足时才返回 FALSE。NOT 函数只有一个逻辑参数，它可以计算出 TRUE 或 FALSE 的逻辑值或逻辑表达式。如果逻辑值为 FALSE，函数 NOT 返回 TRUE；如果逻辑值为 TRUE，函数 NOT 返回 FALSE。这 3 个函数一般与 IF 函数结合使用。

【例 8-6】　某企业根据各销售部门的销售额和销售费用确定奖金提成比例及提取额。若销售额大于 300000 元且销售费用占销售额的比例不超过 1%，则奖金提取比例为 15%，否则为 10%，其计算过程如下：

(1) 在单元格 D3 中输入公式"= IF（AND（B3 > 300000,C3/B3 < 1%），15%,10%）"，将其向下填充复制到 D4 ~ C7 单元格中。

(2) 选取单元格区域 E3：E7，输入公式"= B3：B7 * D3：D7"，同时按"Ctrl + Shift + Enter"组合键。则各销售部门的销售奖金提成比例及奖金提取额

如图 8-24 所示。

E3　　f_x　=B3:B7*D3:D7

	A	B	C	D	E
1	奖品的提取比例和奖金的计算				
2	销售部门	销售金额/元	销售费用/元	奖金提取比例	奖金额/元
3	日用品部	140369	2325	10%	14036.9
4	化妆品部	896115	6734	15%	134417.3
5	副食品部	123690	2607	10%	12369
6	海鲜品部	903356	1675	15%	135503.4
7	床上品部	987716	6930	15%	148157.4

图 8-24　奖金提成比例及提取额的计算

8.3.7　LOOKUP 函数、VLOOKUP 函数

LOOKUP 函数的功能是返回向量（单行区域或单列区域）或数组中的数值。函数 LOOKUP 有两种语法形式：向量和数组。函数 LOOKUP 的向量形式是在单行区域或单列区域（向量）中查找数值，然后返回第二个单行区域或单列区域中相同位置的数值；函数 LOOKUP 的数组形式在数组的第一行或第一列查找指定的数值，然后返回数组的最后一行或最后一列中相同位置的数值。

1. LOOKUP 函数

（1）向量形式。其公式见式（8-10）。

$$f_x = \text{LOOKUP}(\text{lookup_value},\ \text{lookup_vector},\ \text{result_vector}) \tag{8-10}$$

式中　lookup_value——函数 LOOKUP 在第一个向量中所要查找的数值，它可以为数字、文本、逻辑值或包含数值的名称或引用；

lookup_vector——只包含一行或一列的区域 lookup_vector 的数值可以为文本、数字或逻辑值；

result_vector——只包含一行或一列的区域，其大小必须与 lookup_vector 相同。

（2）数组形式。其公式见式（8-11）。

$$f_x = \text{LOOKUP}(\text{lookup_value},\ \text{array}) \tag{8-11}$$

式中　array——包含文本、数字或逻辑值的单元格区域或数组，它的值用于与 lookup_value 进行比较。

例如，LOOKUP(5.2,{4.2,5,7,9,10})=5。

注意：lookup_vector 的数值必须按升序排列，否则函数 LOOKUP 不能返回正确的结果，文本不区分大小写。如果函数 LOOKUP 找不到 lookup_value，则查找

lookup_vector 中小于或等于 lookup_value 的最大数值。如果 lookup_value 小于 lookup_vector 中的最小值，函数 LOOKUP 将返回错误值#N/A。

2. VLOOKUP 函数

VLOOKUP 函数的功能是在表格或数值数组的首列查找指定的数值，并由此返回表格或数组当前行中指定列处的数值，其公式见式（8-12）。

$$f_x = \text{VLOOKUP}(\text{lookup\_value}, \text{table\_array}, \text{col\_index\_num}, \text{range\_lookup}) \tag{8-12}$$

式中　lookup_value——需要在数据表第一列中查找的数值，可以为数值、引用或文字串；

　　　table_array——需要在其中查找数据的数据表，可以使用对区域或区域名称的引用，例如数据库或数据清单，table_array 的第一列中的数值可以为文本、数字或逻辑值，且不区分文本的大小写（如果 range_lookup 为 TRUE，则 table_array 的第一列中的数值必须按升序排列，否则函数 VLOOKUP 不能返回正确的数值，如果 range_lookup 为 FALSE，table_array 不必进行排序）；

　　　col_index_num——table_array 中待返回的是匹配值的列序号（col_index_num 为 1 时，返回 table_array 第一列中的数值；col_index_num 为 2 时，返回 table_array 第二列中的数值，以此类推。如果 col_index_num 小于 1，函数 VLOOKUP 返回错误值#VALUE!；如果 col_index_num 大于 table_array 的列数，函数 VLOOKUP 返回错误值#REF!）；

　　　range_lookup——逻辑值，指明函数 VLOOKUP 返回时是精确匹配还是近似匹配（如果其为 TRUE 或省略，则返回近似匹配值，也就是说，如果找不到精确匹配值，则返回小于 lookup_value 的最大数值；如果 range_value 为 FALSE，函数 VLOOKUP 将返回精确匹配值。如果找不到，则返回错误值#N/A）。

VLOOKUP 函数在管理与分析中是一个经常用到的函数，因此熟悉它将会带来很大的便利。

例如，图 8-25 显示了通过使用 VLOOKUP 函数的公式：=VLOOKUP("Akers",B2:D5,2,FALSE) 来设置工作表。

	A	B	C	D	E
1	ID	姓氏	名字	职务	出生日期
2	101	康	霓	销售代表	1968/12/8
3	102	袁	洛	销售副总裁	1952/2/19
4	103	牛	娇	销售代表	1963/8/30
5	104	宋	臻	销售代表	1958/9/19
6	105	谢	德	销售经理	1955/3/4
7	106	夏	蘅	销售代表	1963/7/2

图 8-25　ID 名单

表 8-1 列明了 VLOOKUP 公式中的第一列、第二列的工作原理及说明。

表 8-1　公式及说明

公　式	说　明
=VLOOKUP("袁",B2:E7,2,FALSE)	在 table_array B2：E7 的第一列（B 列）中查找值“袁”，返回在 table_array 的第二列（C 列）中找到的值“洛”，range_lookup FALSE 返回精确匹配
=VLOOKUP（102，A2：C7，2，FALSE）	为 A 列中的 lookup_value102 查找姓氏的精确匹配，返回了“袁”；如果 lookup_value 为 105，则返回“谢”
=IF（VLOOKUP（103，A1：E7，2，FALSE）="夏","已找到","未找到"）	检查 ID 103 的员工的姓氏是否为夏。使用 IF 函数时，如果条件为真，该函数将返回一个值；如果条件为假，函数将返回另一个值。由于 103 实际姓牛，所以结果为“未找到”。如果在公式中将“夏”更改为“牛”，则结果为“已找到”
=INT（YEARFRAC（DATE（2014，6，30），VLOOKUP（105，A2：E7，5，FALSE），1））	针对 2014 财政年度，查找 ID 为 105 的员工的年龄。使用 YEARFRAC 函数，以此财政年度的结束日期减去出生日期，然后使用 INT 函数将结果 59 以整数形式显示
=IF（ISNA（VLOOKUP（105，A2：E7，2，FALSE））= TRUE，"未找到员工"，VLOOKUP（105，A2：E7，2，FALSE））	如果有 ID 为 105 的员工，则显示该员工的姓氏，即“谢”；否则，显示消息“未找到员工”。当 VLOOKUP 函数返回错误值 #N/A 时，ISNA 函数（请参阅 IS 函数）返回值 TRUE

8.3.8　INDEX 函数

INDEX 函数的功能是返回表格或区域中的数值或是对数值的引用。INDEX

函数有以下形式：

返回引用中指定单元格，其公式见式（8-13）。

$$f_x = \text{INDEX}(\text{reference}, \text{row\_num}, \text{column\_num}, \text{area\_num}) \qquad (8\text{-}13)$$

式中　reference——对一个或多个单元格区域的引用；

　　　row_num——引用中某行的行序号，函数从该行返回一个引用；

　　column_num——引用中某列的列序号，函数从该列返回一个引用；

　　　area_num——选择引用中的一个区域，并返回该区域中 row_num 和 column_num 的交叉区域（选中或输入的第一个区域序号为 1，第二个为 2，以此类推。如果省略 area_num，函数 INDEX 使用区域 1）。

如果为引用而输入一个不连续的选定区域，则必须用括号括起来。如果引用中的每个区域只包含一行或一列，则相应的参数 row_num 或 column_num 分别为可选项。例如，对于单行的引用，可以使用函数 INDEX（reference，column_num）。

说明：row_num、column_num 和 area_num 必须指向 reference 中的单元格，否则，函数 INDEX 返回错误值#REF!。如果省略 row_num 和 column_num，函数 INDEX 返回由 area_num 所指定的区域。

函数 INDEX 的结果为一个引用，且在其他公式中也被解释为引用。根据公式的需要，函数 INDEX 的返回值可以作为引用或是数值。例如，公式 CELL（"width"，INDEX（A1：B2，1，2））等价于公式 CELL（"width"，B1）。CELL 函数将函数 INDEX 的返回值作为单元格引用。另一方面，公式 2 * INDEX（A1：B2，1，2）将函数 INDEX 的返回值解释为 B1 单元格中的数字。

例如，下面的示例使用 INDEX 函数查找某一行和某一列的交叉单元格中的值，如图 8-26 所示。

	A	B
1	数据	数据
2	苹果	柠檬
3	香蕉	梨

图 8-26　数据单元格

其公式及说明如表 8-2 所示。

第8章 Excel在管理决策分析中的应用

表 8-2 公式及说明

公 式	说 明
=INDEX（A2：B3，2，2）	位于区域A2：B3中第二行和第二列交叉处的数值
=INDEX（A2：B3，2，1）	位于区域A2：B3中第二行和第一列交叉处的数值

在数组公式中使用 INDEX 函数查找一个 2x2 数组中指定两个单元格中的值，表 8-3 为 INDEX 函数的公式及说明。

表 8-3 公式及说明

公 式	说 明
=INDEX（{1,2;3,4},0,2）	数组的第一行、第二列中找到的数值。数组包含第一行中的1和2以及第二行中的3和4
=INDEX（{1,2;3,4},2,3）	组（与上面的数组相同）的第二行、第二列中找到的数值

注意：单元格 C2 中的公式为数组公式。为使此公式返回单元格 C2 和 C3 中的值，请选择 C2 和 C3，按"F2"键，然后同时按"Ctrl + Shift + Enter"组合键。否则，将仅返回单元格 C2 中的值。

8.3.9 矩阵函数——TRANSPOSE 函数、MINVERSE 函数和 MMULT 函数

1. TRANSPOSE 函数

TRANSPOSE 函数的功能是求矩阵的转置矩阵，其公式见式（8-14）。

$$f_x = \text{TRANSPOSE(array)} \tag{8-14}$$

式中 array——需要进行转置的数组或工作表中的单元格区域。

函数 TRANSPOSE 必须在某个区域中以数组公式的形式输入，该区域的行数和列数分别与 array 的列数和行数相同。

【例8-7】 假设矩阵 A 中的值如图 8-27 中单元格区域 A2：C5，求其转置矩阵的步骤如下：

	A	B	C	D	E	F	G	H
1	矩阵A					A的转置矩阵		
2	41	13	17		41	25	53	23
3	25	36	12		13	36	46	56
4	53	46	37		17	12	37	13
5	23	56	13					

E2 {=TRANSPOSE(A2:C5)}

图 8-27 求转置矩阵

(1) 选取存放转置矩阵结果的单元格区域，E2：H4。

(2) 单击工具栏上的快捷按钮"∑"，在下拉函数对话框中选取函数 TRANSPOSE，在该函数对话框中输入（可用鼠标拾取）单元格 A2：C5，同时按"Ctrl + Shift + Enter"组合键，即得转置矩阵，如图 8-27 所示。以上操作也可以通过"选择性粘贴"实现，即复制 A2：C5，单击其他空白单元格或单元格区域，单击"粘贴"→"选择性粘贴"，选中"转置"，单击确定即可完成。

利用 TRANSPOSE 函数可以把工作表中的某些行（或列）排列的数据转换成列（或行）排列的数据。例如，由于工作需要，要把工作表中的某些行数据改为列数据，若一个一个地改动数据，将会很麻烦也很费时，而利用 TRANSPOSE 函数则可以很轻松地进行这项工作。但需要注意的是，利用 TRANSPOSE 函数对行（列）数据进行转换，则无法单独修改其中转换单元格区域中的某单元格的数据。

2. MINVERSE 函数

MINVERSE 函数的功能是返回矩阵的逆矩阵，其公式见式（8-15）。

$$f_x = \text{MINVERSE}(\text{array}) \tag{8-15}$$

式中　array——具有相等行列数的数值数组或单元格区域。

MINVERSE 函数的使用方法与 TRANSPOSE 函数是一样的。在求解线性方程组时，常常用到 MINVERSE 函数。

3. MMULT 函数

MMULT 函数的功能是返回两数组的矩阵乘积，结果矩阵的行数与 array1 的行数相同，列数与 array2 的列数相同，其公式见式（8-16）。

$$f_x = \text{MMULT}(\text{array1}, \text{array2}) \tag{8-16}$$

式中　array1，array2——要进行矩阵乘法运算的两个数组。

array1 的列数必须与 array2 的行数相同，而且两个数组中都只能包含数值。array1 和 array2 可以是单元格区域、数组常数或引用。如果单元格是空白单元格或含有文字串，或是 array1 的行数与 array2 的列数不相等时，则函数 MMULT 返回错误值#VALUE!。

同样地，由于 MMULT 函数的返回值为数组公式，故必须以数组公式的形式输入。

以【例 8-7】的原矩阵和其转置矩阵为例，它们的乘积矩阵求解方法如下：

(1) 选取存放乘积矩阵结果的单元格区域，如 J2：M5。

(2) 单击"公式"按钮，在"插入函数"对话框中选取函数 MMULT，在该函数对话框中的 array1 栏中输入（可用鼠标拾取）单元格区域 A2：C5，在 array2 栏中输入单元格区域 E2：H4，然后同时按"Ctrl + Shift + Enter"组合键，即得矩阵的乘积。

8.3.10 ROUND 函数

ROUND 函数的功能是返回某个数字按指定位数舍入后的数字，其公式见式(8-17)。

$$f_x = \text{ROUND}(number, num\_digits) \qquad (8-17)$$

式中　number——需要进行舍入的数字；

num_digits——指定的位数，按此位数进行舍入。

如果 num_digits 大于 0，则舍入到指定的小数位；如果 num_digits 等于 0，则舍入到最接近的整数；如果 num_digits 小于 0，则在小数点左侧进行舍入。

利用 ROUND 函数可以防止利用格式工具栏上的"增加小数位数"或"减少小数位数"所带来的看起来像"假数据"问题的出现，使得工作表上显示的数据真实可靠。实际上，如果需要调整数据的小数位数，最好使用 ROUND 函数，而不要使用格式工具栏上的"增加小数位数"或"减少小数位数"按钮。

例如，若单元格 A1 中的数据为 14.3772，若使用格式工具栏上的"减少小数位数"按钮将小数位数设为两位，则单元格 A1 中的数据显示为 14.38，看起来似乎单元格 A1 的数据为 14.38，但实际上仍为 14.3772。若在单元格 B1 中输入公式"=3*A1"，则单元格 B1 中的数据显示为 43.13，也许"不明真相"的人认为单元格 B1 的数据算错了（14.38 乘以 3 应该等于 43.14），但实际上单元格的数据为 43.1316，这种看起来的"假数据"可能会对实际工作带来不便。因此，正确的方法应是：在单元格 B1 中输入公式"=ROUND(3*ROUND(A1,2),2)"，结果为 43.14，即先将单元格 A1 的数据用函数 ROUND 四舍五入，然后再对计算后的数据四舍五入。

8.4　图表处理

数字本身可以说明问题，而有些时候，图表或图形可以清楚地阐明信息。Excel 2010 具有完整的图表功能，它不仅可以生成诸如条形图、折线图、饼状图等标准图表，还可以生成较为复杂的三维立体图表。对各种财务数据进行图表处理，可以更直观地进行财务分析，找出工作表格不容易发现的问题，使得管理工作更为有效。

8.4.1 图表类型

Excel 2010 提供了约 14 种标准图表类型，如面积图、柱形图、条形图、折线图、饼图、圆环图、气泡图、雷达图、股价图、曲面图、散点图、锥形图、圆柱图、棱锥图等，每种图表类型又都细分了不同的子类型。此外，Excel 2010 还提供了约 20 种自定义图表类型，用户可根据不同的需要选用适当的图表类型。

关于各种图表类型的具体情况，可单击"插入"菜单，在"图表"项查看各种图表，如图 8-28 所示。

图 8-28　图表菜单

8.4.2 图表的建立

建立图表的过程非常简单，只要按照"图表"的有关说明，一步一步地进行操作，即可完成图表的制作，下面结合实例进行说明。

【例 8-8】　某企业 2013 年 12 个月的销售量与销售费用的有关数据如图 8-29 所示，绘制各月销售额与销售费用之间的关系图表的步骤如下：

	A	B	C	D	E	F	G	H	I	J	K	L	M
1	月份	1	2	3	4	5	6	7	8	9	10	11	12
2	销售额	32265	10099	89760	342312	50632	13456	23871	136789	55772	501342	321980	467321
3	销售费用	3226	1011	8976	34231	50632	3456	2387	13678	5577	50134	32198	46732

图 8-29　销售额与销售费用有关数据

（1）选取单元格区域 A2：M3，单击"插入"菜单，选择"图表"→"折线图"，在"子图表类型"中选"带数据标记折线图"，单击"确定"按钮，如图 8-30 所示。

（2）在"设计"菜单中，选择"快速布局"，如图 8-31 所示。

（3）直接在图表中对"标题"的各项进行输入，即在"图表标题"栏中填入"销售额和销售费用的变化图",在"数值 X 轴"栏中填入"月份",在"数值 Y 轴"栏中填入"金额/千元"。

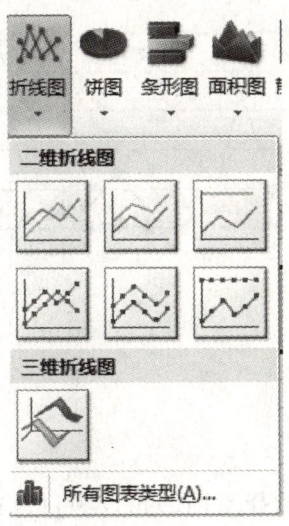

图 8-30 图表类型对话框

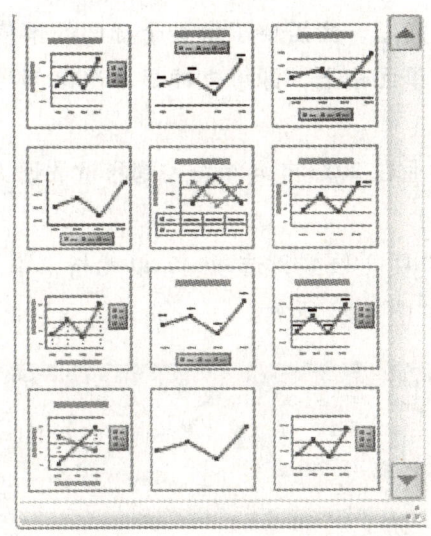

图 8-31 "图表布局"对话框

(4) 若要建立嵌入式图表,即图表嵌入在本工作表中,则选择"作为其中的对象插入";若要建立工作表图表,则选择"作为新工作表插入"。这里选择"作为其中的对象插入";然后单击"完成"按钮,即得到需要的图表,如

图 8-32 所示。

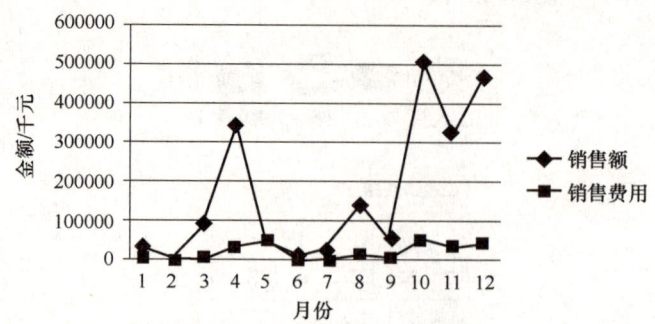

图 8-32 销售额与销售费用变化图

8.4.3 动态图表的建立

动态图标是指通过鼠标选择不同的预设项目，在图表中动态显示对应的数据。在企业的经营活动中，往往需要为每个部门建立大量相似的图表，如果在一张工作表上建立太多的图表，既费时也使得图表凌乱不堪。我们可以通过建立动态图表来解决这个问题，当需要了解某个部门的销售情况时，只需将光标移到工作表中该部门的单元格上，即可立即显示出该部门的销售图表。下面介绍公式法动态图表。

【例8-9】 以某企业在 2013 年各个月份销售量数据为例，建立各月份的动态图表的步骤如下：

（1）输入各分店的月度数据，选取 A7 单元格，单击"数据"菜单下的"数据有效性"选项，如图 8-33 所示。

月份	1月	2月	3月	4月	5月	6月	7月	8月	9月	10月	11月	12月
分店1销售额	2710	2700	2714	2721	2680	2699	2655	2900	2871	2888	2866	2854
分店2销售额	2621	2710	2711	2655	2754	2756	2760	2768	2780	2751	2900	2899
分店3销售额	2578	2599	2699	2648	2611	2674	2650	2699	2599	2651	2659	2710

图 8-33 动态销售图表数据有效性设置（销售额单位：千元）

(2) 单击"数据有效性（V）"选项，在"设置"子菜单中，选择"允许"下拉菜单中的"序列"命令，将鼠标光标定位于"来源"编辑框中，用鼠标选中 A2 到 A4 的区域，编辑框中显示"＝＄A＄2：＄A＄4"，单击"确定"按钮完成设置，如图 8-34 所示。

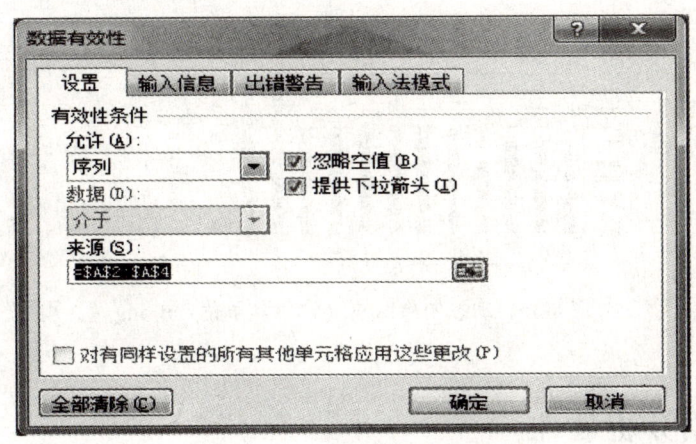

图 8-34　数据有效性来源设置

此时 A7 表格右侧会出现下拉按钮，如图 8-35 所示，说明数据有效性设置成功。

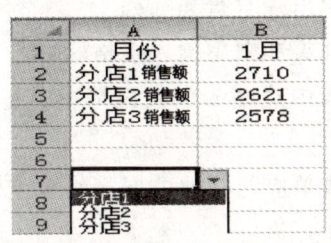

图 8-35　A7 表格下拉菜单（销售额单位：千元）

（3）单击 A7，在右侧的下拉菜单中选择"分店 2"，单击 B7，在公示栏中输入公式"＝VLOOKUP（＄A＄7，＄A＄1：＄M＄4，COLUMN（），FALSE）"，将光标移动到下一表格，则 B7 表格中会出现分店 2 一月份的销售额 2621，并将其填充到 M7。

（4）以 A7 到 M7 为数据系列，B1 到 M1 为水平轴标签，制作柱形图，即可得到动态销售图表，如图 8-36 所示。

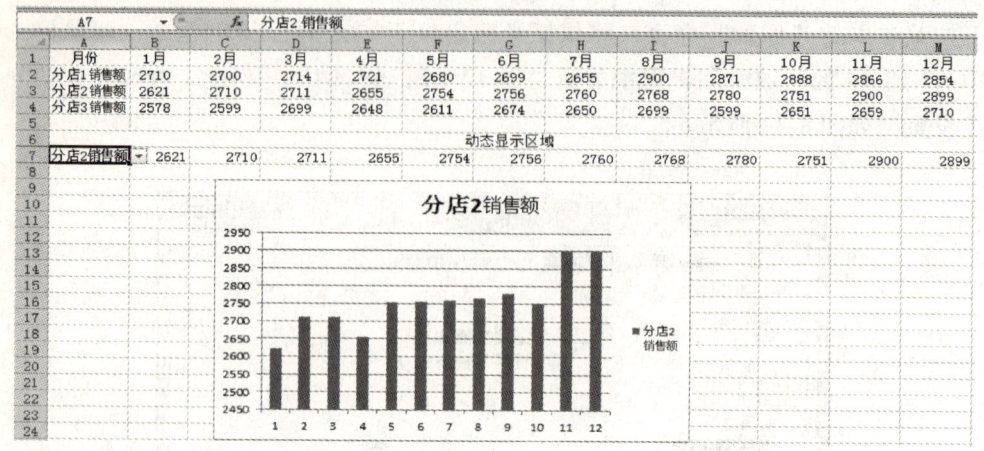

图 8-36 动态销售图表（销售额单位：千元）

8.5 数据分析处理

Excel 2010 提供了强大的数据分析处理功能，利用它们可以实现对数据的排序、分类汇总、筛选及数据透视等操作。

在进行数据分析处理之前，首先必须注意以下几个问题：

（1）避免在数据清单中出现空行和空列。

（2）避免在单元格的开头和末尾键入空格。

（3）避免在一张工作表中建立多个数据清单，每张工作表应仅使用一个数据清单。

（4）在工作表的数据清单应与其他数据之间至少留出一个空列和一个空行，以便于检测和选定数据清单。

（5）关键数据应置于数据清单的顶部或底部。

8.5.1 数据的查找与筛选

企业的管理人员经常需要在数据库或数据清单众多的数据中找出需要的数据，Excel 2010 提供了功能强大的数据查找与筛选工具。数据查找是指从原始数据中提取满足条件的数据记录，源数据不会改变，也不会被隐藏；数据筛选是指把数据库或数据清单中所有不满足条件的数据记录隐藏起来，只显示满足条件的数据记录。常用的数据查找与筛选方法有：记录单查找、自动筛选和高级筛选。

下面结合实例说明各种查找方法的具体应用。

【例 8-10】 图 8-37 为某高校 2012 级物流一班综合测评成绩单。

学号	姓名	班级	上学期成绩	下学期成绩	综合测评成绩	排名
20123112	胡月	物流1202	96.45	97.44	96.95	1
20122174	李正	物流1201	95.85	96.31	96.08	2
20124375	闫倩倩	物流1202	94.32	96.38	95.35	3
20124284	孟名	物流1202	94.43	94.49	94.46	4
20124164	王菲	物流1201	94.15	93.65	93.90	5
20124275	李舒云	物流1202	92.80	94.68	93.74	6
20124308	葛艳	物流1202	92.76	93.48	93.12	7
20124226	陈冲	物流1201	91.95	94.10	93.02	8
20124363	齐琴	物流1201	92.81	91.67	92.24	9
20124117	李正太	物流1202	91.92	92.41	92.17	10

图 8-37 某高校 2012 级物流一班综合测评成绩单（成绩单位：分）

根据图 8-37 中的有关资料，可以分别采用记录单查找、筛选或高级筛选的方式查找或选择所需要的信息，如下所述。

8.5.2 记录单查找

在 Excel2010 功能区中默认不显示"记录单"，可以使用组合键"Alt + D + O"调出"记录单"对话框。记录单是查找和编辑数据的最简单的方法，利用记录单，不仅可以查找数据记录，还可以修改和删除记录、添加新的数据记录等。

1. 查找数据记录

利用记录单查找数据记录的步骤如下：

（1）单击数据清单或数据库中的任一非空单元格，如 B3。

（2）使用组合键"Alt + D + O"调出"记录单"对话框，则系统弹出如图 8-38 所示的记录单。

（3）单击记录单中的"条件"按钮，则弹出"记录单条件"对话框，输入条件，比如要查找"孟名"的成绩，则在"姓名"栏中输入"孟名"，然后单击"表单"，系统便会逐次显示满足条件的记录行。还可以使用多个条件联合查找记录，此处不再叙述。

2. 修改或删除记录

在图 8-38 所示的记录单中，即可对某一记录的各字段进行修改。若要删除显示的记录，只需单击记录单上的"删除"按钮即可。

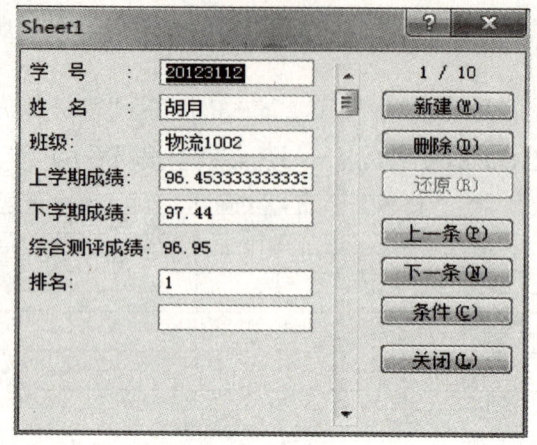

图 8-38　记录单

3. 添加新的记录

在图 8-38 所示的记录单中，单击记录单上的"新建"按钮，则出现各字段均为空白的新建记录单，在记录单中输入各字段的值，输入完毕后，再次单击"新建"按钮，即完成添加新记录。

8.5.3　筛选与高级筛选

Excel2010 提供的筛选功能实际上就是 Excel 2003 及更早版本中的"自动筛选"功能。记录单检索数据每次只能显示一个数据行，当查询的数据较多，或要把查询的结果汇总成表时，就需要使用筛选工具了。筛选功能提供了快速检索数据清单或数据库的方法，通过简单的操作，就能筛选出需要的数据。仍以【例 8-10】为例，利用筛选功能查找数据的步骤如下：

（1）单击数据清单或数据库中的任一非空单元格，如 A7。

（2）单击"数据"菜单，选择"筛选"项，则"筛选"按钮呈高亮状态。系统自动在数据清单的每列数据的标题旁边添加一个下拉列表标志，如图 8-39 所示。

单击需要筛选的下拉列表，系统显示出可用的筛选条件，从中选择需要的条件，即可显示出满足条件的所有数据。例如，要查找所有物流 1202 班的成绩情况，单击"班级"右边的下拉列表，从中选择"物流 1202"项，则所有的物流 1202 班的成绩记录就会显示出来，而其他的数据则被隐藏，如图 8-40 所示。

第 8 章 Excel 在管理决策分析中的应用

图 8-39　自动筛选的下拉列表标志（成绩单位：分）

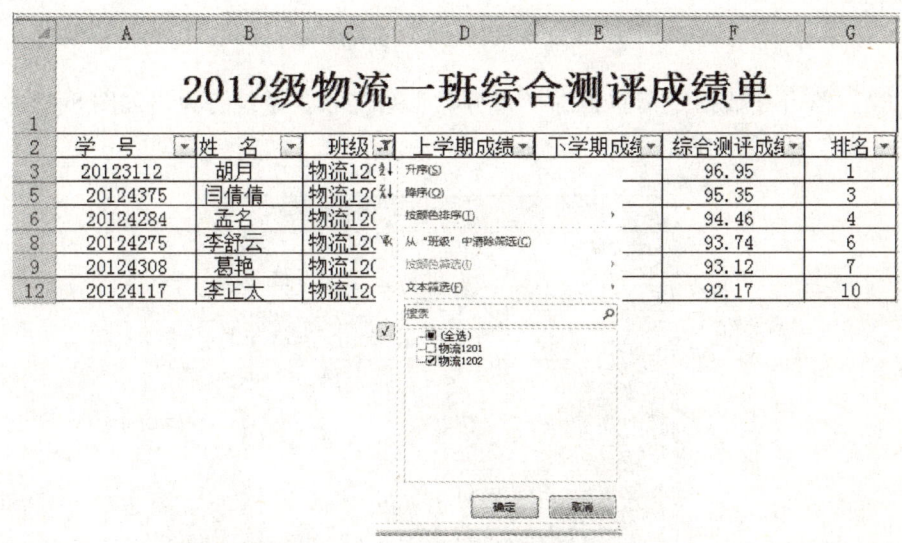

图 8-40　1202 班成绩记录的筛选结果（成绩单位：分）

8.5.4 数据的分类与汇总

在对数据进行分析时，常常需要将相同类型的数据统计出来，这就是数据的分类与汇总。在对数据进行汇总之前，首先必须要对汇总的关键字进行排序。

1. 进行分类汇总

分类汇总能快速地以某一个字段为分类项，并对各个字段的数值进行统计。下面以某超市销售记录为例进行介绍。

对图 8-41 所示的表单按款台进行自动分类汇总，其步骤如下：

（1）首先将鼠标光标定位于数据区域的任意位置，如 F10。

	A	B	C	D	E	F	G	H	I	J	K	L	M	N
1	款台	销售日期	销售时间	小票号	商品码	商品名称	数量	售价	成交价	售价金额	销售金额	进价	折扣率	销售模式
2	99	2013-9-7	16:12:27	9900000984	10002	散大核桃	1袋	20	20	20.00	20.00	13.200	1	零售
3	99	2013-9-8	16:12:27	9900000984	05007	牛肉礼盒	5盒	85	85	425.00	425.00	51.000	1	零售
4	99	2013-9-11	16:16:56	9900000985	06011	澡巾	1条	5	5	5.00	5.00	3.000	1	零售
5	99	2013-9-12	16:16:56	9900000985	08001	通心面	2包	3	3	6.00	6.00	2.100	1	零售
6	99	2013-9-13	16:16:56	9900000985	09005	软中华	1条	80	80	80.00	80.00	62.000	1	零售
7	100	2013-9-14	16:16:56	9900000985	09006	中南海0.8	1盒	8	8	8.00	8.00	5.500	1	零售
8	100	2013-9-17	16:16:56	9900000985	10003	散核桃仁	1块	40	40	40.00	40.00	29.150	1	零售
9	100	2013-9-18	16:16:56	9900000985	08023	安利香皂	1块	18	18	18.00	18.00	15.840	1	零售
10	100	2013-9-19	16:16:56	9900000985	03022	散中骏枣	1袋	30	30	30.00	30.00	14.300	1	零售
11	100	2013-9-20	16:18:37	9900000986	08001	通心面	1包	3	3	3.00	3.00	2.100	1	零售
12	101	2013-9-21	16:18:37	9900000986	08002	苦荞挂面	1包	3	3	3.00	3.00	2.083	1	零售
13	101	2013-9-22	16:18:37	9900000986	08003	苦荞银耳面	1包	5	5	5.00	5.00	3.250	1	零售
14	101	2013-9-23	16:18:37	9900000986	08005	菠麦面	1包	15	15	15.00	15.00	8.000	1	零售
15	101	2013-9-24	16:18:37	9900000986	08006	荞麦面	1包	15	15	15.00	15.00	8.000	1	零售

图 8-41　某超市销售记录（价格单位：元）

（2）单击"数据"清单，选择"分类汇总"项，系统将弹出如图 8-42 所示的"分类汇总"对话框。

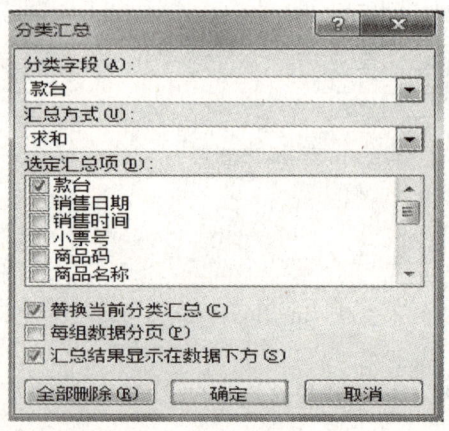

图 8-42　"分类汇总"对话框

第8章 Excel 在管理决策分析中的应用

（3）在"分类汇总"对话框中，"分类字段"选项下选择"款台"，"汇总方式"选项下选择"求和"，"选定汇总项"选项下选定"数量"和"售价"，单击"确定"按钮，则分类汇总的结果如图 8-43 所示。

	A	B	C	D	E	F	G	H	I	J	K	L	M	N	O
1		款台	销售日期	销售时间	小票号	商品码	商品名称	数量	售价	成交价	售价金额	销售金额	进价	折扣率	销售模式
2		99	2013-9-7	16:12:27	9900000984	10002	散大核桃	1包	20	20	20.00	20.00	13.200	1	零售
3		99	2013-9-8	16:12:27	9900000984	05007	牛肉礼盒6	5盒	85	85	425.00	425.00	51.000	1	零售
4		99	2013-9-11	16:16:56	9900000985	06011	桑巾	1条	5	5	5.00	5.00	3.000	1	零售
5		99	2013-9-12	16:16:56	9900000985	08001	通心面	2包	3	3	6.00	6.00	2.100	1	零售
6		99	2013-9-13	16:16:56	9900000985	09005	软中华	1条	80	80	80.00	80.00	62.000	1	零售
7	99 汇总							0			10	193	193		
8		100	2013-9-14	16:16:56	9900000985	09006	中南海0.8	1盒	8	8	8.00	8.00	5.500	1	零售
9		100	2013-9-17	16:16:56	9900000985	10003	散核桃仁	1包	40	40	40.00	40.00	29.150	1	零售
10		100	2013-9-18	16:16:56	9900000985	06023	安利香皂	1块	18	18	18.00	18.00	15.840	1	零售
11		100	2013-9-19	16:16:56	9900000985	03022	散中黄枣	1袋	30	30	30.00	30.00	14.300	1	零售
12		100	2013-9-20	16:18:37	9900000986	08001	通心面	1包	3	3	3.00	3.00	2.100	1	零售
13	100 汇总							500			5	99	99		
14		101	2013-9-21	16:18:37	990000●6	08002	苦荞挂面	1包	3	3	5.00	5.00	2.083	1	零售
15		101	2013-9-22	16:18:37	9900000986	08004	苦荞锅耳面	1包	5	5	5.00	5.00	3.250	1	零售
16		101	2013-9-23	16:18:37	9900000986	08005	莜面	1包	15	15	15.00	15.00	8.000	1	零售
17		101	2013-9-24	16:18:37	9900000986	08006	荞麦面	1包	15	15	15.00	15.00	8.000	1	零售
18	101 汇总							404			4	38	38		
19	总计							904			19	330	330		

图 8-43 分类汇总结果（价格单位：元）

在图 8-43 中，左上角有 3 个按钮，按钮 1 表示 1 级汇总，显示全部的销售数量和销售金额汇总；按钮 2 表示 2 级汇总，显示各款台的全部销售数量和销售金额汇总；按钮 3 表示 3 级汇总，显示各款台的销售数量和销售金额的汇总明细及汇总额，即图 8-43 所示的汇总结果。

在图 8-43 中，左边的滑动按钮"━"为隐藏明细按钮，单击此按钮，则将隐藏本级的明细数据，如果"━"变为显示明细按钮"━"，则将显示本级的全部明细数据。

在上述自动分类汇总的结果上，还可以再进行分类汇总，例如再进行另一种分类汇总，两次分类汇总的关键字可以相同，也可以不同，其分类汇总方法与前面的相似，此处不再介绍。

2. 分类汇总的撤销

如果不再需要分类汇总结果，可在"数据"选项下的"分类汇总"对话框中单击"全部删除"，即可撤销分类汇总。

8.5.5 数据透视表

数据透视表是用于快速汇总大量数据的交互式表格，用户可以旋转其行或列以查看对源数据的不同汇总，也可以通过显示不同的页来筛选数据，还可以显示所关心区域的数据明细。通过对源数据表的行、列进行重新排列，可使得数据表达的信息更清楚明晰。

1. 建立数据透视表

以某超市的销售数据为例，如图8-44所示。

	A	B	C	D
1	销售日期	商品名称	数量	售价/元
2	2013-9-7	散大核桃	1包	20
3	2013-9-7	牛肉礼盒	5盒	85
4	2013-9-7	澡巾	1条	5
5	2013-9-8	通心面	2包	3
6	2013-9-9	软中华	1条	80
7	2013-9-7	中南海	1盒	8
8	2013-9-7	安利香皂	1块	18
9	2013-9-8	散中骏枣	1袋	30
10	2013-9-9	通心面	1包	3
11	2013-9-7	苦荞挂面	1包	3
12	2013-9-8	莜麦面	1包	15
13	2013-9-9	荞麦面	1包	15

图8-44 某超市的销售数据

建立数据透视表的步骤如下：

（1）首先，要保证数据源是一个数据清单或数据库，即数据表的每列必须有列标。

（2）单击数据清单或数据库中的任一非空单元格，如B8，然后单击"插入"菜单，选择"数据透视表"项，则系统弹出"创建数据透视表"对话框，如图8-45所示。

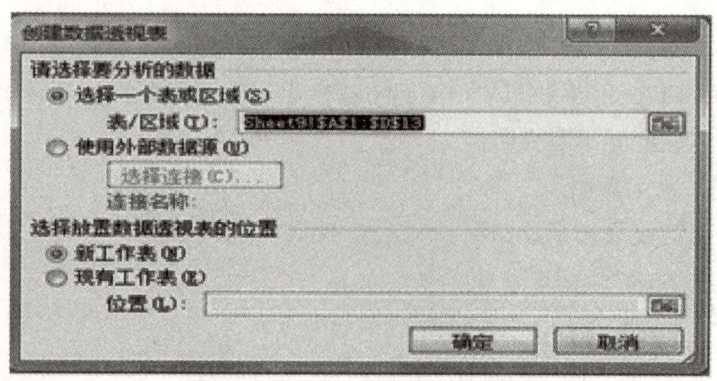

图8-45 "创建数据透视表"对话框

（3）根据待分析数据来源及需要创建何种报表类型，进行相应的选择，然后单击"确定"按钮，系统将弹出"数据透视表字段列表"对话框，如图8-46所示。

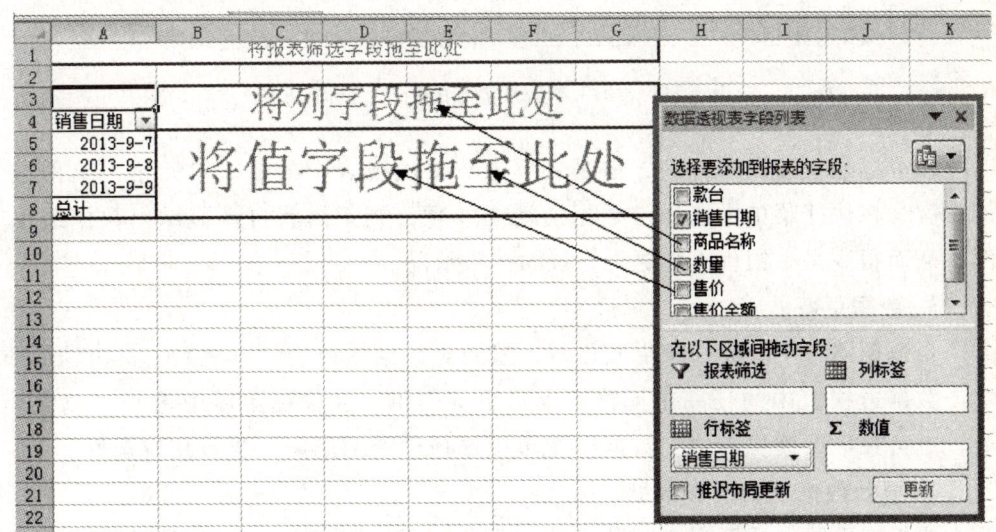

图 8-46 "数据透视表字段列表"对话框

（4）单击日期，将数量和售价拖进值字段存储区，关闭"数据透视表字段列表"对话框，删除右侧的总计，将售价汇总改成平均值项，如图8-47所示。

图 8-47 某超市商品销售数据透视表（价格单位：元）

2. 数据的透视分析

在所建立的数据透视表上，可以很方便地进行多角度的统计与分析。比如要了解2013年9月7号销售商品的情况，可在"销售日期"下拉列表中只选中"2013-9-7"，然后单击"确定"按钮，则2013年9月7号的销售情况如图8-48所示。

	A	B	C	D	E	F	G	H
1			商品名称					
2	销售日期	数据	安利香皂	苦荞挂面	散大核桃	澡巾	牛肉礼盒	中南海
3	2013-9-7	求和项:数量	1块	1包	1包	1条	5盒	1盒
4		平均值项:售价/元	18	3	20	5	85	8
5	求和项:数量汇总		1	1	1	1	5	1
6	平均值项:售价汇总		18	3	20	5	85	8

图 8-48　2013 年 9 月 7 号的销售情况汇总

还可以建立透视图，其方法是：单击数据透视表中的任一单元格，单击鼠标右键，在快捷菜单中选择"数据透视图"项，则系统将自动显示出数据透视图，从而得到每个销售人员更为直观的销售情况。

3. 数据更新

当数据清单中的数据发生变化时，需要对数据透视表进行更新，其方法是：单击数据透视表中的任一单元格，单击鼠标右键，在快捷菜单中选择"刷新"项，也可在数据透视表的"数据"菜单中选择"全部刷新"进行相应选择。

4. 显示数据项的明细数据

要想查看数据透视表中某数据项的明细数据，只需双击该数据项即可。若要查看某一种商品的销售明细，比如要查看软中华的销售明细，可双击数据透视表中的数据项"软中华"，系统弹出"显示明细数据"对话框，选择需要显示的数据字段，单击"确定"按钮即可。

8.5.6　数据分析工具的应用

Excel 2010 提供了非常实用的数据分析工具，利用这些分析工具，可以解决管理中的许多问题，例如财务分析工具、统计分析工具、工程分析工具、规划求解工具、方案管理器等等。下面介绍管理与分析中常用的模拟运算表。

模拟运算表就是将工作表中的一个单元格区域的数据进行模拟计算，测试使用一个或两个变量对运算结果的影响。在 Excel 2010 中，可以构造两种模拟运算表：单变量模拟运算表和多变量模拟运算表。下面介绍单变量模拟运算表，它是基于一个输入变量，来测试对公式计算结果的影响。

【例 8-11】　企业向银行抵押贷款 80000 元，期限为 360 个月，则可以使用模拟运算表工具来测试不同的利率对月还款额的影响，具体步骤如下：

（1）设计模拟运算表结构，如图 8-49 所示。

（2）在单元格 C2 中输入公式"＝PMT（B3/12，B4，B5）"。

第 8 章 Excel 在管理决策分析中的应用

	A	B	C	D	E
1	抵押贷款				
2	首付/元	无	−672.68	180	360
3	利率		9.00%		
4	期限 /月		9.25%		
5	贷款资金额/元	80000	9.50%		

图 8-49 单变量模拟运算表

（3）选取包括公式和需要进行模拟运算的单元格区域 C2：E5。

（4）单击"数据"菜单，选择"模拟分析"选项下的"模拟运算表"，弹出"模拟运算表"对话框，如图 8-50 所示。

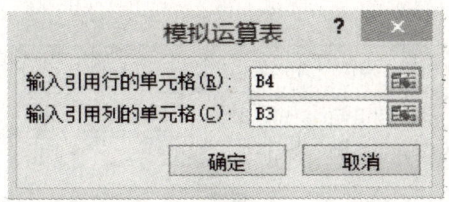

图 8-50 "模拟运算表"对话框

（5）在"输入引用行的单元格"中输入 B4，在"输入引用列的单元格"中输入 B3。单击"确定"按钮，即得到单变量的模拟运算表，如图 8-51 所示。

	A	B	C	D	E
1	抵押贷款				
2	首付	无	−672.68	180	360
3	利率	9.50%	9.00%	−811.413267	−643.69809
4	期限 /月	360	9.25%	−823.353832	−658.14034
5	贷款资金额	80000	9.50%	−835.379746	−672.68337

图 8-51 模拟运算结果（金额单位：元）

【例 8-12】 企业向银行贷款 10000 元，期限为 5 年，则可以使用模拟运算表工具来测试不同的利率对月还款额的影响，具体步骤如下：

（1）设计模拟运算表结构，如图 8-52 所示。

（2）在单元格 B4 中输入公式"=PMT(A4/12,5*12,B1)"。

（3）选取包括公式和需要进行模拟运算的单元格区域 A4：B13。

（4）单击"数据"菜单，选择"模拟分析"选项下的"模拟运算表"，弹出"模拟运算表"对话框,如图8-53所示。

	A	B
1	贷款总额	10000
2		
3	贷款利率	月支付额
4	0	-166.67
5	4.20%	
6	5.00%	
7	5.50%	
8	6.00%	
9	6.50%	
10	7.00%	
11	7.50%	
12	8.00%	
13	8.50%	

图 8-52　单变量模拟运算表(金额单位:元)

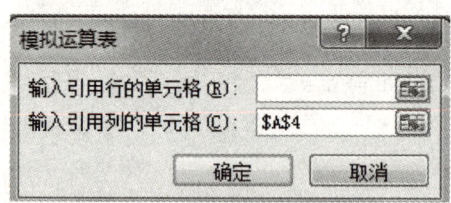

图 8-53　"模拟运算表"对话框

(5)由于本例中引用的是列数据,故在"输入引用列的单元格"中输入"\$A\$4"。单击"确定"按钮,即得到单变量的模拟运算表,如图8-54所示。

	A	B
1	贷款总额	10000
2		
3	贷款利率	月支付额
4	0	-166.67
5	4.20%	-185.069
6	5.00%	-188.712
7	5.50%	-191.012
8	6.00%	-193.328
9	6.50%	-195.661
10	7.00%	-198.012
11	7.50%	-200.379
12	8.00%	-202.764
13	8.50%	-205.165

图 8-54　模拟运算结果(金额单位:元)

8.5.7　宏与 VBA 的初步应用

宏是一系列命令和函数,存储于 Visual Basic 模块中,在需要执行该项任务时可随时运行。在有些情况下，我们需要建立自定义函数或子程序来解决某些问题。利用自定义函数不仅使用方便，而且也不容易出错。Excel 2010 提供的 Visual Basic 编辑器可以帮助解决这个问题。下面举例说明建立自定义函数的方法和步骤。

1. 建立自定义函数

【例 8-13】 建立不允许缺货且陆续均衡供货和消耗的情况下的经济订货批量自定义函数。

经济订货批量的计算公式为

$$经济订货批量 = \sqrt{\frac{2 \times 订货费用 \times 年消耗量}{单位存货成本} \times \frac{每日到货量}{每日到货量 - 每日耗用量}} \tag{8-18}$$

则经济订货批量自定义函数的建立方法和步骤如下：

（1）单击"开发工具"菜单，选择"Visual Basic"，打开 Visual Basic 编辑器窗口，再单击 Visual Basic 编辑器窗口的"插入"菜单，选择"模块"项，则显示模块1的窗口，如图 8-55 所示。

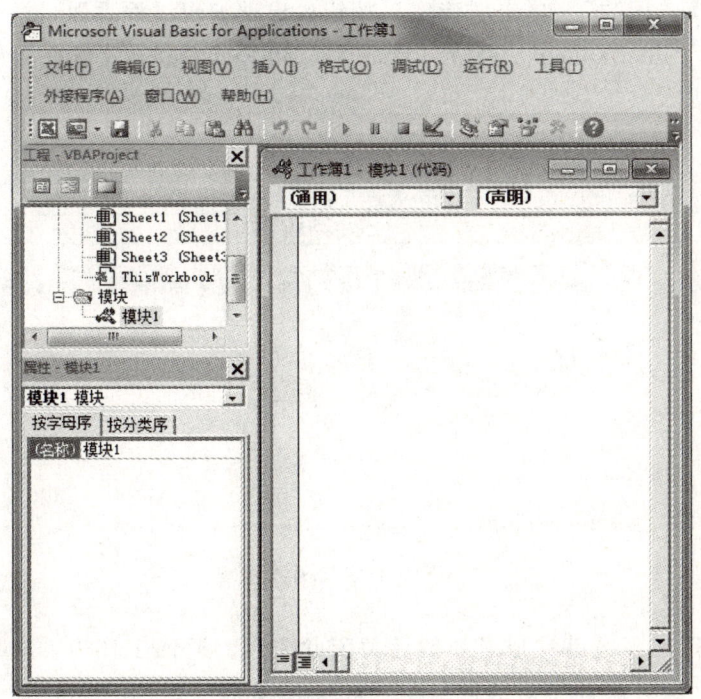

图 8-55　创建模块

(2) 在模块1窗口中,单击"插入"菜单,选择"过程"项,则系统弹出"添加过程"对话框如图8-56。

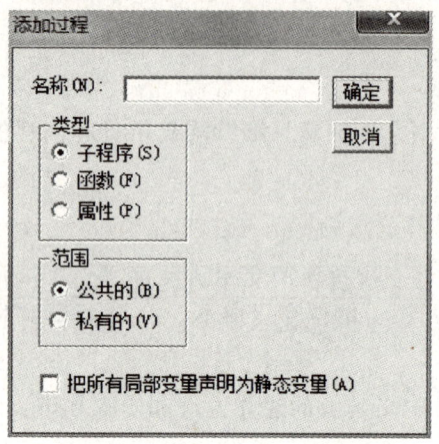

图8-56 "添加过程"对话框

(3) 在"添加过程"对话框中,在"名称"栏中输入"经济订货批量","类型"选择"函数",单击"确定"按钮,出现编辑过程页面。

(4) 将Public Function 经济订货批量( )和End Function 修改为如图8-57所示的过程代码。

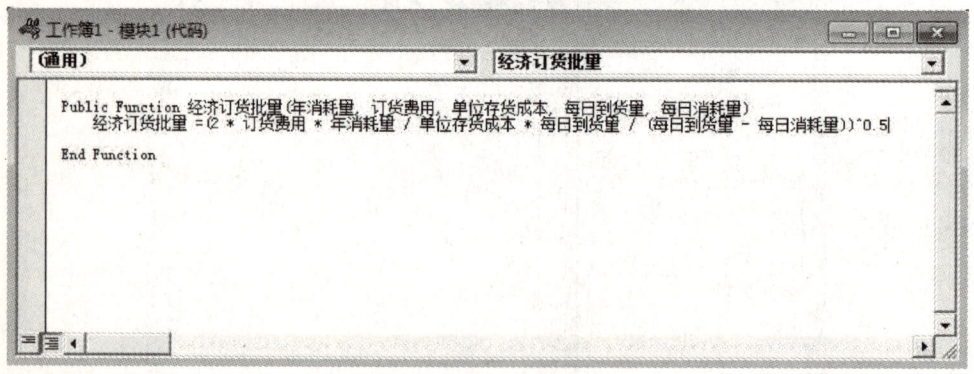

图8-57 自定义函数过程

此时自定义函数就完成了。然后关闭此窗口,返回工作表。选择菜单"公式",打开"插入函数"对话框。在"或选择类别"中的"用户定义"可以找到自定义的函数"经济订货批量"如图8-58所示。

• 第 8 章　Excel 在管理决策分析中的应用

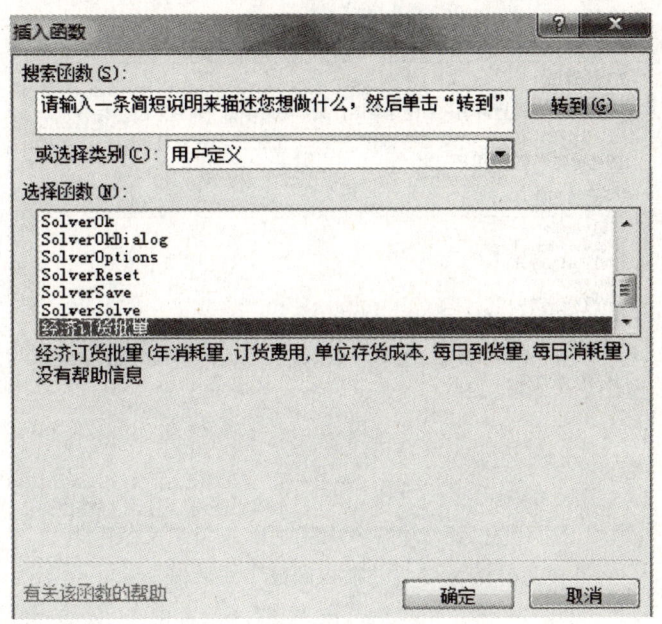

图 8-58　自定义函数

2. 使用自定义函数

Excel 2010 的自定义函数的使用方法与 Excel 2003 的自定义函数是一样的，例如，图 8-59 为计算经济订货批量的有关参数，单击单元格 B6，单击"公式"菜单，选择"插入函数"项，系统弹出"插入函数"对话框，如图 8-60 所示，在"或选择类别"中选择"用户定义"，在"函数名"中选择"经济订货批量"，单击"确定"按钮，系统弹出"经济订货批量"函数对话框，如图 8-61 所示，在对话框中输入相应的参数或单元格地址，然后单击"确定"按钮，则经济订货批量就计算出来了。

	A	B	C	D	E	F
		fx =经济订货批量(B1,B2,B3,B4,B5)				
1	年消耗量	1700				
2	单位订货费用	3700				
3	单位存货成本	700				
4	每日到货量	71				
5	每日消耗量	46				
6	经济订货批量	225.9178				

图 8-59　利用自定义函数计算经济订货批量

管理决策模型与应用

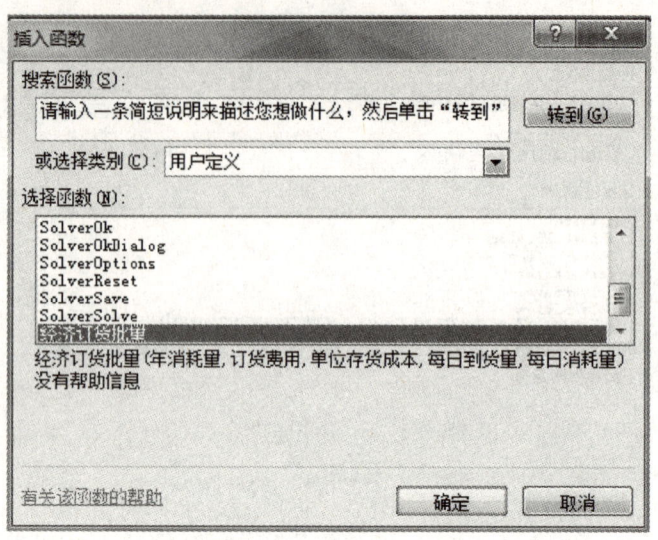

图 8-60 "插入函数"对话框

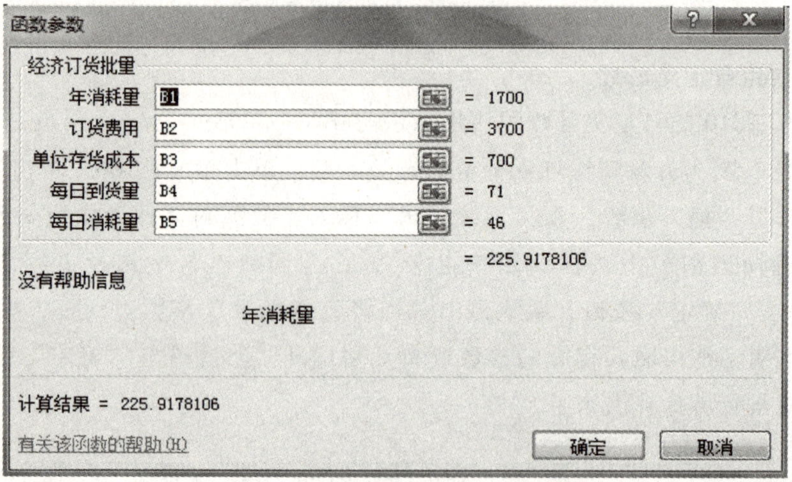

图 8-61 "经济订货批量"函数对话框

参 考 文 献

[1] 詹姆斯 R 埃文斯．数据、模型与决策［M］．4 版．北京：中国人民大学出版社，2012.

[2] 本尼卡．财务金融建模：用 Excel 工具［M］．3 版．邵建利，等译．上海：上海人民出版社，格致出版社，2010.

[3] 洪铁松．Excel 在财务金融建模中的教学研究［J］．课程教育研究：新教师教学，2013 (9)．

[4] 刘兰娟．经济管理中的计算机应用［M］．北京：清华大学出版社，2013.

[5] 郑丽敏．Excel 数据处理与分析［M］．北京：人民邮电出版社，2012.

[6] 韩大卫．管理运筹学：模型与方法［M］．北京：清华大学出版社，2009.

[7] 徐军．Excel 在经济管理中的应用：大学实用案例驱动教程［M］．北京：清华大学出版社，2015.

[8] 王文平．经济管理数据、模型与计算［M］．南京：东南大学出版社，2010.

[9] ExcelHome．Excel2010 实战技巧精粹［M］．北京：人民邮电出版社，2013.

[10] 谭永基．经济管理数学模型案例教程［M］．北京：高等教育出版社，2006.

[11] 杜茂康．Excel 在数据管理与分析中的应用［M］．北京：清华大学出版社，2013.

[12] 陈士成．实用管理运筹学［M］．北京：清华大学出版社，2011.

[13] 杜茂康．Excel 与数据处理［M］．5 版．北京：电子工业出版社，2014.

[14] 吴祈宗．运筹学与最优化方法［M］．北京：机械工业出版社，2013.

[15] 蒋绍忠．数据、模型与决策：基于 Excel 的建模和商务应用［M］．北京：北京大学出版社，2010.

[16] 王海林．Excel 财务管理建模与应用［M］．北京：电子工业出版社，2014.

[17] 刘兰剑．管理定量分析［M］．北京：中国人民大学出版社，2014.

[18] 简明．市场预测与管理决策［M］．北京：中国人民大学出版社，2009.

[19] 李翠梅，于海英．Excel 在经济管理中的应用：Excel2013 案例驱动教程［M］．北京：清华大学出版社，2014.